我的成长随笔

——教育的自我认识

柯倩怡　著

吉林出版集团股份有限公司｜全国百佳图书出版单位

图书在版编目（CIP）数据

我的成长随笔：教育的自我认识 / 柯倩怡著. --
长春：吉林出版集团股份有限公司, 2023.2（2023.6重印）
ISBN 978-7-5731-2715-0

Ⅰ. ①我… Ⅱ. ①柯… Ⅲ. ①教育－随笔－中国－文集 Ⅳ. ①G52-53

中国国家版本馆CIP数据核字(2023)第020681号

WO DE CHENGZHANG SUIBI JIAOYU DE ZIWO RENSHI
我的成长随笔——教育的自我认识

著　　者：柯倩怡
出版策划：崔文辉
责任编辑：侯　帅
出　　版：吉林出版集团股份有限公司
（长春市福祉大路5788号，邮政编码：130118）
发　　行：吉林出版集团译文图书经营有限公司
（http://shop34896900.taobao.com）
电　　话：总编办 0431-81629909　营销部 0431-81629880 / 81629900
印　　刷：三河市金兆印刷装订有限公司
开　　本：787mm × 1092mm　1/16
印　　张：13
字　　数：230千字
版　　次：2023年2月第1版
印　　次：2023年6月第2次印刷
书　　号：ISBN 978-7-5731-2715-0
定　　价：38.00元

印装错误请与承印厂联系　电话：15901289808

自　序

本书以自我成长的教育经历和时间为主线，以自己所学到的教育原理和教育理论去反观自己的每一段教育经历，分析感悟了中西教育的差异，代代相传的中国家庭教育观念，深刻骨髓的儒家教育思想，时代科技大爆发产生的教育多元化，人工智能融入生活学习。通过在成长过程中的自我感悟和分析，希望给教育者对儿童少年的培养产生启发意义，给中国父母提供多途径的教育策略，给准备踏上留学之路的学生增加些提醒。同时，更要为自己的祖国，贡献自己的微薄之力，为自己的亲人们，展示自己所学成绩。“路漫漫其修远兮，吾将上下而求索”。本书总结了我所想到的追求“一生的学习”的根本意义，什么才是好的教育，做出自己人生道路上的阶段性汇报。

目　录

第一章

国内教育篇

“在刺激和反应之间有一个空间。在那个空间里，我们有选择回应的自由和权利。这些选择中蕴含着我们的成长和幸福。”

——斯蒂芬·柯维

第一节　适度给予孩子自由选择的权利

将“自由选择”放在本节的开篇，是因为它贯穿了我的人生和教育历程，同样也是我二十三年人生历程中最核心的一个关键词。正是父母和我对“自由选择”的坚持，成就了今天的我。

一、我的自由选择成长之路

（一）我的自由选择萌芽期

小时候去家附近的超市可以自由选择喜欢的玩具和零食是我记忆里最早的“选择”。父母带孩子去逛超市或者玩具店真的是一件很平常的事，这是大多数家庭中都会有的亲子时间。每当我的父母带我去超市时，他们都会让我自己拎上一个小购物篮。他们会给我设定一个额度，比如说今天我可以挑选五样物品，但是种类或具体物品都由我自己决定，所以我在很小的年纪就拥有了自己的“特权”，我能够很独立地选择喜欢或不喜欢，想要或不想要。和很多被父母一手承包了所有“喜好”和“选择”的孩子不同，我了解自己并且知道自己要什么，也慢慢地知道什么叫“自由选择”。这对我后来的人生产生了不可忽视的影响。

父母从心底里尊重我。父母很喜欢把我当作成年人来看待，家里大大小小的事他们也都会询问我的意见。这让我觉得自己也是家里很重要的一分子，也越来越关注家里的点点动向。家里买什么米、买什么奶、买多少水父母都会让我一起做选择，尽管一开始的时候我年纪尚小并不懂这些，但是久而久之，我对家里大大小小的事物越来越熟悉，也更喜欢参与到每次的“家庭议事会”中。父母的态度和做法让我懂得了什么是“尊重”和“被尊重”。

（二）我的初始自由选择期——高中

中考是每个孩子人生的重要起点。许多家庭对于孩子中考的选择处于紧张和矛盾的状态，此时孩子站在人生的十字路口，往前一步是高中，也可能是社会。在现今“内卷”大环境下，父母的希望，孩子内心真实的感受，既筋疲力尽，又无可奈何，未来的人生路该何去何从？中考就是人生的转折点，决定了孩子一生的命运走向。我很幸运，中考时做了一生中重要的选择，选择了自己喜欢的高中。同大多数中学生一样，我经历过迷茫、焦虑、失落等情绪之后，当父母和我一起讨论中考如何择校这一严肃话题时，我非常认真地告诉了他们我真实的想法，我要考本地较好的一所高中，并向他们介绍了自己想要去这所学校的理由。父母进行了非常短暂的一个意见交换后就欣然表示支持我的选择。他们认为我为自己选择了一所好学校，并帮助我打消心中尚存的各种疑虑。我制订了学习和复习计划，父母则到学校进行踩点和背调。我相信每个人必须自己选择想要的东西，并敢于为自己的选择和行为负责。幸运的是，在父母的培养下，我敢于替自己做选择，并且父母也很坚定地支持我的选择。我一直觉得如果我们为自己做出了选择，那么我们就没有必要再担心任何事情，行胜于言。

放弃看似前景更好的理科转而选择文科。原本我的理科成绩稍高于文科，如果选择理科未来的专业选择更广。我清晰地记得在学校的走廊上打给母亲的那通电话，矛盾地我说要选择文科，但是似乎学习理科对我来说更好。母亲坚定地告诉我遵循你自己的选择，不要在意他人眼里所谓的好不好，因此我最终选择了文科。

留学对于我来说不是一个轻松的选择。在进入文科学习一年后，高三上学期我突然告诉父母要出国留学，对于我这一任性的决定，母亲只是对我说“你等等再做决定”。留学是母亲所不了解的领域，这之后她用所能想到的所有方式问询了与留学相关的人，彻夜地学习和研究有关留学方面的事宜，最终明确表达了支持的态度。

可能很多人无法理解我的父母，觉得这是溺爱，让我随心所欲，甚至有点为所欲为。但是在我看来，我的每次选择都是经过深思熟虑的，并且愿意为之承担所带来的一切后果。而我的父母，每一次支持我的选择时，他们也做到了父母应该做的一切。我觉得自己很幸运，父母从来不是任由我想到什么就做什么，而是在我做出选择后，用他们的经验和能力，替我判断是否可行，替我预测可能的风险，最后全力支持我。

（三）我的真正自由选择期——大学

当我意识到已经入学学习的大学和专业并不适合自己时，毫不犹豫地做出“任性且折腾的选择”：转学到另外一所排名稍后但适合自己的学校。我的大一是在美国加州大学欧文分校读的，学校排名世界前三十，在亲人推荐下选择了当时极为盛行的商业经济专业。那里的生活条件对于中国留学生来说，可谓绝佳。离校不远就有麻辣香锅、海底捞、鲜芋仙、密室逃脱、棋牌室……但是经过一学期的学习生活，我就开始了我的转学计划。尽管这是个很棒的学校，但我认为它并不是我想要的学校。这所学校注重科研而忽略基础培养，大部分课程都是三四百人的课堂，教师很难关注到每一位学生。往往会出现这种情况：一学期下来老师不认识学生，甚至有些学生都不认识老师。但让我最终做出选择转学的原因是，这里攀比、放纵的留学风气盛行，或许他们在意的只是今晚在哪喝酒，而不是作业的截止日期是不是临近。总之，这里的留学生活与我的预期出现了很大的差距，同时经过一学期的学习，我认为商业经济并不是适合我的专业，这一段学习经历让我对教育产生了浓厚的兴趣。因此我转学去了一所在全美教育领域享有盛名的百年老校——芝加哥康考迪亚大学，并将专业改为教育研究。相比之前的学校，这里的大学生活就比较艰苦，学校周围人迹罕至，甚至每年五月还会突降暴雪，学校内的留学生加起来可能还不过双手之数，但是我却非常喜欢这里。由于学校远离繁华的都市，满眼都是森林和小动物，这里的师生不管是在生活中还是在学习中，始终都给我一种真诚朴素的感觉。这里简单的社交活动让我有更多时间可以沉浸在自己的精神世界中，做自己想要做的事情，这样的学习生活对我的身心无疑是一种打磨，使我乐在其中。

在结束了美国的本科学习之后，我选择离开美国前往新加坡读研。在很多人前往美国这一学术和科研实力顶尖的国家时，我却选择了离开。当读研的同学知道我是在美国读的本科后，都会很好奇地问我为什么不继续留在美国。我的母亲也曾劝说我可以继续申请美国的研究生项目，在他们看来在我的本科学校硕博连读是更稳妥的选择。但是我希望能够了解到更多不同的教育文化，不同的教育理念，不同的教育政策和不同的教育环境，在这个初衷下，我先后申请了英国、新加坡和澳大利亚的几所著名院校，最后我选择了新加坡南洋理工大学，就读于国立教育学院。这是因为它享有整个新加坡最优质的教育资源和独特的教育地位，每一个想要在新加坡从事教育的人都需要到这所大学进修。作为新加坡所有教育者的朝圣之地，这也是我了解亚洲教育最好的窗口。

在我的成长之路上，我一直在做出自己的选择，而我的选择不一定是完美的，是被人理解的，又或是最好的。但是，我做出的选择是内心中自己认为正确的方向。我很庆幸父母很早就教会了我如何做选择，他们总喜欢反问我“你想清楚了吗”，希望我不是因一时兴起提出天马行空的想法，而是经过深思熟虑后，能够自我承担责任的自由选择，所以当我做出错误的选择后，他们也会和我一起分析原因并总结经验。父母给予我的“碰壁式学习”让我之后的每一次选择更加谨慎和坚定。这世界上的每个人都需要在某个时刻做出一些选择，许多人在自由选择后却又无法承担自己选择的后果而埋怨他人，但我认为既然是自己的选择，那么就需要自己承担后果。父母没有过多干涉我的选择，所以即使我错了，我也会从错误中学习如何正确地选择。也许是这样我才会成为一个清楚自己想要什么的人，我一直在替自己做选择，很庆幸到目前为止，这些选择让我一直走在追求内心的道路上。美国作家塔尔莱特·赫里姆说：“如果一艘船不知道该驶去哪个港口，那么任何方向吹来的风都不会是顺风。”选择让我们明确方向，方向使我们坚定信念，信念带给我们前行不止的勇气，并让我们到达远方。

二、为什么给孩子自由选择的权利

（一）自由选择对孩子童年发展至关重要

童年是人生重要的形成阶段，是孩子们建立个性、发现兴趣和确定未来方向的关键时期，而自由选择则是童年的一个重要方面。实际上，从生命的第一天开始，父母或长辈就决定了孩子能做什么和不能做什么。他们选择孩子要穿的衣服，要吃的食物，甚至生日派对主题和蛋糕口味。所有的这一切都源于父母简单的一句话：“你还小，你不懂，我是为你好。”自由选择当然并不是放纵孩子为所欲为，但过度管束反而会导致孩子失去灵性（创造力），在父母面前表现服从，僵化，懦弱，退缩，行为举止失去弹性。而父母不在的时候则会偷偷地去放纵自己，因为他们认为只有这样才会找回自我，恰恰相反得到更多的空虚。相比之下，父母告诉我应该少吃甜食，因为过量摄取甜食不利于我的健康，但是他们仍然会将是否要吃甜食的决定权交给我，从未粗暴命令和强制干涉我的选择。

我所拥有的自由选择是父母对于我自己选择的道路的一种尊重。在别的孩子还在被长辈端着碗追着喂东西吃的时候，我的父母会告诉我“你拥有两个选择，吃掉两颗小青菜可以看十分钟喜欢的动画片，或者不吃青菜，自己去一边玩”。虽然大多数时候他们给我的选择有一定的奖励或者引导性，但是对于尚在儿童时期的我来说，这样的自由选择权利让我觉得自己和大人一样可以决定自己的人生。像这种自由选择的例子在我的生活中十分常见，为我长大后的自由选择奠定了坚实的基础。

（二）尊重每个孩子作为独立的生命个体

我的父母不是教育者，他们也是第一次做父母，但是他们从未忘记我也是第一次做孩子。他们一直将我当作一个“完整的人”，从不以我年纪小为借口而轻视我的意愿，而是始终给予我选择自己“喜欢”“想要”的权利。他们关注并尽量满足我的一切合理需求，并时刻陪伴在我身边。

前段时间为了筹备这个小节，我特意向母亲询问了一些小时候的故事：

在我还在喝奶的年纪时，母亲就一直把我当作一个小“大人”，喜欢和我沟通。记得有一次在我奶奶家，我饿了想喝奶，但是感觉过了很久母亲才给我拿来奶瓶，于是我挥手就把奶瓶打掉在地，闹起了脾气。当时母亲不顾爷爷奶奶的劝阻，直接抱着我回屋并锁上了门。她当着我的面拿来了两个空碗，在其中一个碗里倒满开水，并让我用手去摸，而我刚摸到碗边就被烫得缩回了手。然后母亲没有说话，拿起两个碗将开水倒来倒去。我就一直看着她，也不明白母亲的做法。等了很久，母亲让我试试碗里的水还烫不烫。我小心一摸发现刚好是可以喝的温度。这时母亲耐心地告诉我如果一开始她就拿来滚烫的牛奶，担心会烫着我，所以她用了很长时间来凉凉牛奶。然后，母亲说了很多父母都不曾说出口的话，“虽然你把奶瓶打掉了，但是妈妈不会责怪你，不是因为你是我女儿，而是因为你并不知道热奶需要时间凉凉才能喝，更不知道妈妈刚刚去做什么了，你只知道自己饿了很久很久，所以你并没有做错什么。但是现在你知道了这些，你要自己决定要不要重新冲奶喝，如果要喝，那么你就需要重新等待热牛奶和凉凉的时间。”

母亲给予了我知晓整件事情过程的权利，也给了我自己选择是否等待重新冲奶的权利，并没有因为我还小，就用“算了，还是个孩子”的理由将事情一带而过，也没有用“你怎么一点也不懂事”的话语责备我。作为一个孩子，我始终被父母当成一个独立个体来看待，直至我长大成人，母亲也从来没有向我说过类似“你一点也不懂事”的话语。

对于孩子而言，父母给予的自由选择权利至关重要，它可以帮助孩子建立自信，也可以帮助我们了解父母对我们的要求。这对父母来说也同样重要，因为在某种程度上，这是父母向孩子表示尊重并将他们视为一个独立个体的一种方式。

（三）孩子在自由选择尝试中培养终身兴趣

人的一生很短暂，因此对每个人来说，能够找到值得一生坚持的兴趣是何其幸运的事情。曾经听过这样一句话：“当你做一件事情总觉得时间不够用时，那这件事情就是你抵御时间侵蚀的魔法。”我觉得这句话很有道理，如果一个人没有找到自己真正的爱好，那么人生就会变得无趣。父母如何正确帮助孩子找到自己的终身兴趣，是每位家长都需要面对的重要课题，那样他们的孩子更加幸运。

我自我感觉小时候是过得幸福的。很多家长都喜欢给孩子们报名参加各种兴趣爱好班，我们家也不例外。但不同的是，每个兴趣爱好班都是我自己的选择。比如，小时候当我看见电视里有漂亮姐姐在弹古筝时，就会萌发出对古筝的兴趣。父母在得知我的学习意愿后，就会带我去少年宫，让我自己报名。他们没有要求过我要考级或者考任何证书，也不要求我一定要表现得多么出彩。全然是因为我感兴趣就全力支持。我父母的观点是每个孩子都会有自己擅长并喜欢的事，所以他们希望帮助我找到我的爱好，让我可以在未来烦躁和焦虑的时候能够有疏解情绪的方式。因此那段时间我成为了少年宫各个兴趣班的试课达人，课程包括古筝、钢琴、民族舞、流行舞、国画等。父母希望我能在一次次尝试中培养终身兴趣，找到值得一生去坚持的爱好。

从初中开始我再也没有参加过任何兴趣班了，因为我已经找到了自己的爱好——画画。虽然我并不能像其他专业学习绘画的孩子一样画出栩栩如生的荷花或者是绚丽多彩的世界，但我也能画出自己喜欢的小小插图。在我因为复杂问题无法解决而产生负面情绪时，绘画成为我释放压力的一种有效方式，比如有解决不了的数学问题时，为自己养的小猫画一张圣诞装扮的照片；在我熬夜赶完研究项目时，会奖励自己半小时画一张简单的卡通画。后来我在大学选修电子绘画课程，并学习了表情包和动图的制作，通过制作微信表情包让自己画的心仪小图片被更多人看见。

截止到写这一章节时，我自己制作的第一张表情包专辑总发送量已经达到了20万，而且用户遍布了全国各省，这是一件让自己和别人都开心的事。到现在为止可能我的画画水平还是很普通，但是爱好不就是这样吗？你不需要多么出彩，你也不需要拿到第一名，你甚至都不需要去接受专门的培训，但是你一直在坚持做这件事，并且是发自内心地热爱，这就已经足够了。

（四）孩子能够在选择中收获成长与幸福

前两年我看见一个朋友发的朋友圈，她是个很喜欢读书的女生，从小也珍藏了很多自己心爱的书。在她外出学习结束回家的时候，她发现自己从小珍藏的书被父母送人了。她对那些书喜爱到什么程度呢？她并没有将它们放在书架上，而是整整齐齐地码在一个收纳箱里，然后再将收纳箱小心翼翼地放在自己房间的角落里，每过一段时间都要把书拿出来擦拭灰尘，选择几本书重新品读。但她的父母认为这都是她小时候的书，已经读过很多遍了，长大之后也用不上了，所以“好心”送给了朋友。令她父母意外的是，她知道后异常愤怒地表示这些书对她非常重要，她希望他们能够一起去要回这些书。最后她和父母一起去朋友家解释了整件事情的原委。朋友非常理解地将她的书如数归还，为表歉意她也送去了为朋友家小孩认真挑选的故事书。

我很钦佩这个女生做出了勇敢的选择，她在坚持收回书籍的过程中收获了成长，经历失而复得之后又收获了另一种幸福。同时我也很钦佩她的父母没有因为所谓的面子而拒绝她，反而选择和她一起去纠正错误的选择。父母再次做出了正确的选择，同时为自己的错误选择而肩负起责任，所以他们也从选择中收获了成长和幸福。

小技巧

父母如何帮助孩子找到爱好？

每个人会成为什么样的人以及会如何发展，很大一部分取决于我们的爱好。爱好帮助我们表达自己，结识志同道合的人，放松和享受生活中的逸事。但是对于孩子而言，试图找到他们自己的爱好可能会很困难，因为孩子无法清楚地表达他们的想法和感受，这使得他们更难看到他们真正喜欢并想要继续参与的爱好。以下是为父母该如何帮助孩子找到爱好的一些方法：

1.鼓励孩子尝试新事物

不少父母认为，如果要让孩子知道他们是否会喜欢某样东西，需要让他们坚持一段时间才能真正了解他们自己的感受。但实际上孩子们非常善于了解他们喜欢和不喜欢什么。为了帮助孩子找到他们的爱好，父母需要让他们定期尝试新事物。没有哪个父母让孩子坚持唱歌三个月，只是为了发现孩子喜不喜欢。相反，每隔一周让孩子参与新的活动能够帮助他们在更短的时间内探索更多，这样有利于孩子发现自己的爱好。

2.帮助孩子学习

爱好是涉及了解孩子感兴趣的事物，便于他们可以变得更专注和快乐。但是，在尝试学习新事物时，孩子很容易感到沮丧，这可能会使他们失去他们的潜在爱好。父母通过带孩子去上课（兴趣班）或与孩子一起练习来帮助他们了解自己的爱好，这样孩子也会对这项“新事业”更有信心。

3.跟随孩子的感受

许多父母在为孩子寻找爱好时，总是习惯于优先向孩子介绍自己的爱好。虽然让孩子参与到让我们开心的事情中并没有错，但重要的是我们应该找到让孩子开心的事情。当孩子说他们不喜欢某个活动或者他们想要尝试某个兴趣爱好时，即使这不是父母想要的，父母也应该倾听孩子的感受并信任他们。

4.观察孩子和朋友玩耍时会做什么

在帮助孩子找到爱好时，许多父母可能不会刻意去观察孩子是如何和朋友一起玩的。如果父母注意到孩子在与朋友室外玩耍时非常活跃，那么他们可能会对运动很感兴趣。如果孩子总是喜欢和他们的朋友一起做手工艺品，那么父母可以向孩子介绍推荐艺术类活动。孩子与朋友玩耍时发现感兴趣的事情，这作为寻找他们爱好的起点是一个不错的选择。

三、正确培养孩子自由选择能力

（一）不要给孩子过多的选择

当孩子需要从众多选项中选择出其中一个的时候，他们会面临选择性困难，因为他们没有足够的知识或经验，并且可能对各个选项也不够了解，再就是缺少信心。为了解决这个问题，父母应该为孩子提供关于所有选项的足够信息，并对选择的内容设置一些限制，例如减少选项的数量，以便孩子做出他们力所能及的选择。

给孩子选择也是一门艺术，当问孩子想读什么书时，应该问“你想看小猪历险的故事，还是南瓜小镇的故事呢”，而不是简单地问“你想读什么书呢？”有时候孩子可能会想象出很多奇妙的故事，但父母并不会总是准备了每一个故事的书籍，所以父母无法顺从孩子的选择，这样就会导致父母失去孩子对自己的信任，同时也会损伤孩子的自信心。因此，在给孩子选择时适当地加上一些限制，能够让孩子做选择时更有意义，也能让父母很好地配合孩子的选择。

（二）给孩子自由发展的空间

孩子是有自己的想法、判断和意见的独立个体。年幼的孩子可能缺乏生活经验，这意味着他们可能在这个阶段做出错误的选择和判断。然而，像这样的错误是可以理解的，也是意料之中的。决策能力不是与生俱来的，而是需要通过实践来学习的。父母不应该期望孩子在没有足够的自由发展空间和实践机会的时候做出完美的正确选择。孩子需要学习如何在成长和体验新事物时适应和调整他们的选择。

如果你尝试过你就会发现，和孩子一起讨论和分析他们的选择也是件非常有意思的事情。例如，选择把杯子里的水倒在地毯上的孩子，是因为他觉得地毯一直趴在那里会口渴。这时，一位同样善良的父母会选择告诉孩子：“好孩子，谢谢你对地毯的关心。但是地毯和我们人类是不一样的，它不需要喝水也可以很舒服，所以下次不用再给地毯喂水了，好吗？”“好吗”两个字也同样在给孩子选择，这样的话语不仅会让孩子学到新知识“地毯不需要喝水”，也会让他们在未来的选择时更加谨慎：“妈妈，我可以给这朵小黄花喂水吗？”“当然可以，宝贝，小黄花会非常感谢你的。”

看吧，为孩子提供选择和看着他们做选择真的是件很有意思的事。你会发现这些不大点的小萝卜精居然在很认真地思考，然后一本正经地说出令人忍俊不禁的小道理。

（三）帮助孩子正确认识自己

我认为古希腊哲学家苏格拉底的一句名言非常重要，他说“认识你自己”。这是我们应该确保我们的孩子学习的一课，以帮助他们做出选择，而不是因为他们受到父母、朋友或整个社会的压力。很多时候，人们在对自己了解不足的情况下做出选择是根据情感（冲动）而不是理性，这会导致结果并不乐观。孩子如果能够知道他们是谁以及他们想要从生活中得到什么，他们就更有可能做出正确的选择。要达到这一目的，其中 种可能的方法是探索孩子的个人优势和劣势，以及让孩子了解自己的目标是什么。当一些孩子面临选择时，他们可能会感到困扰，因此父母应该探索如何帮助他们。过去孩子们经常被告知什么对他们最有利，父母往往忽视孩子的想法，使孩子缺乏自我认知，走上父母规划好的道路。但近年来，这种情况发生了改变，很多家长开始鼓励自己的孩子谈论个性和自我表达，并修正孩子对自己的负面评价。例如，孩子形容自己是一个小话痨，家长可以引导：我是一个喜欢表达的人，但当别人发表意见时，我也能保持安静认真倾听。这种引导方式对于孩子正确认识自己有极大的帮助。

（四）学会欣赏孩子的选择

当孩子们被赋予一些选择权时，他们就会更加自主，这是健康成长的标志。不过，有些父母会认为给孩子这些选择权会导致他们做出“错误”的选择。由于这种恐惧，一些父母决定不给他们的孩子选择任何东西的权利，而是由自己代替孩子做出“正确”的选择。可是如果不让孩子学习如何做出选择，那么父母将会冒着阻碍孩子成长并使孩子过度依赖父母的风险。如果人生中没有大的变故，那孩子会成为乖乖的“妈宝”，对父母言听计从而没有自我。

当孩子刚开始学习做选择和采取行动时，他们可能会做出糟糕的选择。在这时，父母应该在“安全”的情况下，让孩子继续执行他们做出的错误选择，然后再教会他们从错误中学习。虽然从错误中学习很难，但是非常重要。父母应该与孩子谈论他们糟糕的选择，并帮助孩子从错误中吸取教训。询问孩子的选择以及他们的选择产生的后果是一个不错的方法。例如，当一个孩子在墙上画画时，试着这样问他：“你为什么会选择在墙上画画？”“你认为你做出的这个行为是否是正确的？”“现在你完成了你的作品，你觉得我们接下来应该做什么？”“除了在墙上画画，你是否有其他的选择？”……针对不同年龄阶段的孩子进行针对性的沟通。

不要在没有全面了解事情原委的时候就急于责备一个不知情的孩子。可能他只是觉得光秃秃的墙很冷淡，所以想要装饰它。可能他学会了如何画一朵花，所以想要画在墙上送给妈妈。我可以保证，当一个孩子在墙上画画时，他的初衷一定不是我要把这里搞得乱七八糟。所以，多给自己一些机会融入孩子的世界，而不是总抱怨“你怎么一点也不懂事”。

（五）不要让孩子轻率地做出选择

孩子们经常会遇到大量的选择，尤其是在生活中的小方面。但是因为孩子并不总是具备完全成熟的认知技能，他们有时会很难做出选择，所以他们经常根据自己的情绪采取行动，或者做他们认为朋友会做的事情。孩子并不是生来就有自己做选择的能力，并且有些孩子可能会发现自己面临着一个他们没有经验的选择，所以父母应该为孩子提供正向和反向选择的预想结果和例子。除此之外，父母应该花时间教导孩子，时刻提醒自己在做出选择之前需要谨慎考虑的一些情况。他们需要考虑自己即将做出选择的所有可能性和责任，以便对选择结果负责。如此，孩子自然会慎重地做选择，也会有一份担当。随着孩子的成长，我们必须引导他们自立。选择并不容易，结果可能是痛苦的。如果孩子遇到困难，不知道该怎么办，我们应该让他们知道，可以向家人或朋友寻求建议和帮助。通过这种方式，孩子学会了如何运用自己的智慧为生活中的困难寻找解决方案。引导孩子做出选择最有效的方法是通过榜样的力量。当孩子们在行动中看到选择时，尤其是他们父母或者身边人的亲身经历，他们会更深刻地理解如何自由选择。

（六）不盲目地支持孩子的选择

当孩子们做出选择时，一些父母会拒绝他们，因为他们担心孩子还没有真正考虑清楚。可重要的是，虽然孩子的思想还没有完全发展成熟，他们可能不会意识到自己选择的所有后果，但是一味地拒绝可能会导致孩子在以后的选择中产生疏离感和缺乏积极性。例如，一些父母认为孩子不应该随意花费自己的零花钱，除非他们用钱买的是对自己真正有意义的东西。如果孩子想要买的是自己喜欢的玩具，父母可能会以“买玩具就是浪费钱，还不如买两本书”为理由拒绝孩子。这就可能会导致一些孩子不再想要花费自己的零用钱买喜欢的东西，因为他们觉得自己的选择总是会被拒绝。

当孩子们做出重要选择时，重要的是父母不要接管他们的选择，而是帮助他们有效地执行这些选择。父母应该在做任何回答之前分析选择的可行性，不应该立即以消极、愤怒的话语或负面情绪来回应，而是首先为该选择提供所有可能的支持。如果这是一个可以实现的选择，那么父母必须通过提供任何必要的东西来支持他们的孩子。这可能包括提供建议以及为孩子的成功提供必要的条件。即使事情没有按计划进行，孩子也不会受到父母的指责，并且能够从失败的情况中吸取教训和感受到父母的爱，这样孩子也会更加愿意进行再次尝试并取得成功。

支持孩子的选择并不意味着让他们为所欲为，也不意味着父母需要没有底线、盲目地支持他们所做的一切。如果孩子做出的选择明显不合适，父母就不能放任不管，而是要在尊重孩子的基础上，提醒他们可能发生的结果，帮助他们意识到这是否会成为问题，或者重新做出选择。不过应该明确的是，父母需要说服孩子而不是反对他们。如果父母对孩子的反对过于强烈，他们就可能会产生叛逆的心理。因此，能够有效地说服孩子是至关重要的，这样就可以避免出现争吵的情况，做到这一点的好方法就是理解而不是要求。

（七）适时为孩子的选择提供有效指导

当孩子面临艰难的选择时，提供指导很重要。咄咄逼人的方式可能会导致孩子反抗或怨恨，所以父母应该以适合孩子年龄和能力的方式提供支持。例如，如果孩子太小而无法理解问题，父母应该向孩子详细地解释问题后再帮助孩子一同考虑他们的选择。如果孩子的年龄较大、能够了解情况，那么父母应该和孩子进行一些简单的沟通后再让孩子进行独立思考和决策。孩子得到的有效支持越多，他们抗拒父母指导的可能性就越小。父母积极主动地为孩子提供支持很重要，这样孩子不仅能够感受到父母对自己的关心，也会在自己尝试做出艰难的选择时更加勇敢。

小练习

如何教会孩子选择

开始给孩子选择的一个好方法是提供两到三个选项，让孩子从中选择。这些选择很容易让孩子们做出：

“你想看哪本书？”

“你想在午睡的时候用毯子吗？”

“你今天想用蜡笔还是铅笔画画？”

“你要做小熊饼干还是草莓酱饼干？”

要记住这里有一个关键的规则，只给出你可以同意的选择。有些父母会问，“你现在想吃午饭吗？”或者“你想去睡一小会儿吗？”面对这种问题孩子真的有选择权吗？如果孩子说：“不，我想玩。” 你是否就会同意呢？所以这些不会被同意的选择是不应该提供给孩子的。

小故事

给孩子选择而不是一味地控制

我在美国工作过的早教中心，每天都会有一些时段需要将所有孩子聚在一起，可能是听故事、学习课程，或者是解释说明班级的新规则。然后我们就会发现，每当这个时候，教室里就会变成战场，因为一个摇摆不定的孩子不会坐以待毙。老师和孩子可能就会开启漫长的“坐下！”“不！”“坐下！”“不！”的战斗。这时，为了保证大多数的孩子依然在设计好的活动中学习，我们会给出那些不想要安静待着的孩子一些选择。我们会说：“汤姆，你可以安静地坐着听故事，或者去挑一本书看，或者去拼一个拼图。”

许多家长会认为，教师不应该提供给孩子离开的选择，而是要想办法维持纪律，让所有孩子保持专注参与活动。虽然给孩子选择意味着你会放弃一些控制，但是那些让孩子激烈的战斗将会停止。实际上当孩子们有选择时，他们通常表现得更好。

小技巧

帮助你正确地教会孩子自由选择

1.给孩子有限的选择

由于儿童的大脑发育还不成熟，太多的选择只会导致他们不知所措。通常情况下，两个选择就足够了。当你考虑要提供多少选择时，视具体情况而定。年纪越小的孩子可以处理的选择也就越少。

2.无论孩子选择什么，你都应该能接受

这一点和之前提到的一样，只给孩子你可以同意的选择。你应该对孩子的任何选择感到满意。如果不是这样，这可能是一种虚假的选择权利，是操纵，不是选择。

3.让孩子及时做出选择

如果孩子没有及时做出选择，就为他们做出选择。这样能够让孩子知道，如果他不能够为自己做出选择，那么我们就会为他选择。（这是个解决选择障碍很好的办法）

4.在孩子的生活中应该有直接和间接的选择

比如说，当孩子想要玩平板电脑时，你可以为他们选择一些应用程序。因为你选择的每个应用实际上都会让孩子受益，所以他们具体选择哪一个就变得并不重要了。另一个例子是在家里摆放不同的玩具，这些玩具对孩子的各个发展方面都有帮助。孩子可以从中做出选择，但无论他们选择什么，你都间接地引导了他们去做对他们有益的事情。

小知识

美国威廉·格拉瑟的选择理论

研究生在读期间我学习了威廉·格拉瑟的选择理论。选择理论认为，我们行为的每一部分，包括思想、情感、生理和行为都是一种选择。尽管感觉和生理很难有任何选择，但当涉及我们的思想和行为时，我们确实可以自由选择，而且这些影响到前两者。格拉瑟认为，我们在整个“整体行为”中拥有完全的代理权，从而导致一个更负责任的、有能力的、共同依赖的、无责的生活。他的理论是，没有人可以“让”我们做什么或感觉到什么，因为我们所做的只是给予或接收信息。这些信息既不能使我们做什么，也不能使我们感觉到什么。我们可以选择如何感知或过滤这些信息，我们也可以选择如何回应这些信息。

格拉瑟的术语“质量世界”指的是所有对我们重要的事情或人和关系。这些都应该是具体的事情，例如我的狗，我的房子，我的花园，我的工作。在质量世界中，所有这些东西都是在满足我们的“五项基本需求”之一，并且这些具体的事情提供的需求通常可以被替代，除了我们的父母，因为父爱和母爱是不可替代的。格拉瑟称这些东西为“质量世界的图片”。它们满足了我们的需求，但不一定是积极的，例如，香烟、酒精或毒品。我们通过经验学习什么能满足我们的需要，什么不能满足我们的需要，所以我们可以在学习过程中替换图片或改变它们。每个人都有一种与生俱来的创造性倾向，有助于在满足需求方面创造新的可能性，这取决于环境。

格拉瑟得出的结论是，所有的行为都是由内部驱动的，不管外部影响如何，我们都能控制自己的选择，每一种行为都是一种选择，即使我们可能没有完全意识到这一点。他否定了外界的影响，并认为没有人可以让任何人做什么或感受什么，我们都要对自己的选择负责。

不过有些遗憾的是很多人并不十分确定他们是否拥有自己的选择。大多数我们这一代孩子接触到的第一件关乎人生方向的选择就是高考择校和志愿填报。我有部分同学的专业志愿是父母全程规划的。他们凭借着自己的社会阅历和经验教训，把一大堆的理由和道理直接强行灌输到孩子的大脑里。就这样，这些孩子报上了父母觉得好的学校，学上了父母觉得好的专业。那么这些孩子呢？他们依然做出了自己的选择，那就是顺从父母的选择，不管是自己喜欢的还是不喜欢的专业，他们也要为自己的选择负责。教育部学生服务与素质发展中心曾经做过学生所学专业与毕业工作一致性的报告，报告显示多数大学生的工作与所学专业关系不大，这已经足够警醒中国的父母，如果不能所学即所用，这是对国家和个人极大的浪费，许许多多的人才被扼杀了。如果孩子们能够勇敢一点、坚定一点地表达自己的想法去说服父母，早早做出职业生涯规划，相信结果一定会有所不同。所以，选择的自由并非随心所欲，而是勇气和坚持。

像成年人一样，孩子需要成为自由的思想家。有时你可能会遇到一个顽固的孩子拒绝做任何事情，因为他们有选择的权利。但这个选择一定是他们自己的，而不仅仅是出于习惯，或者因为外界因素影响到孩子的选择。孩子们有时很固执，拒绝做他们被告知或被强制安排的事情，虽然作为父母可能很难理解，但也尽量试图努力理解这些“不听话”的孩子为什么会有这样的行为。如果我们能理解他们拒绝的原因，帮助孩子做出选择就变得容易了。在许多情况下，孩子们拒绝做某些事情是因为他们想自己思考并做出自己的选择。身为成年人，父母应该鼓励这些类型的选择，以便孩子们成长为真正的自由思想者。让我们可以自由思考，不用去依附权威，让我们拥有批判一切的勇气。自由地产生、自由地表达、自由地发展。如果没有“自由的思想”，也就不会有“独立的人格”。这就是中国国学大师陈寅恪先生倡导的“自由之思想，独立之人格”。

第二节　游戏玩耍是童年有效的学习

“早在学会组织语言及任何与他人进行交流的手势之前，玩耍似乎是富有成效的科学思维的基本特征。”

——阿尔伯特·爱因斯坦

除了自由选择，“贪玩”可能是我童年的另一个关键词。一直到现在我的母亲都常常打趣我“从小就贪玩”。

小思考

为孩子分配游戏和学习时间

在正式开始这节内容前，请大家做一个小思考。假设你是一位家长或者教育工作者，你现在可以为孩子分配十分钟的时间。你会决定让孩子去游戏十分钟呢？还是学习十分钟呢？

可能不少人会选择让孩子学习十分钟。即使这只是短短的十分钟，但是他们依然能够学到一点知识，对吗？他们可以学习1+2=3，可以学习一个生字，可以学习一种交通工具……而游戏呢？游戏可能被认为是他们认真学习后的一种解脱。但对孩子来说，游戏才是童年真正的探索与学习。

一、儿童游戏的发展

游戏有五个基本特征。它是内在动机的、自由选择的、愉悦的、非文字性的，并且是参与者主动参与的。早期的游戏理论强调它的生物和遗传因素，比如剩余精力说理论认为游戏能够释放儿童身体多余的能量；而松弛说理论认为游戏不是剩余精力的发泄，而是为了精力的恢复；生活准备说理论认为游戏具有生活适应性，能够为儿童未来生活做准备；成熟说理论则反对生活准备说，儿童游戏的目标不明确，冲动、好动，对周围环境有直接的兴趣，因而游戏不是本能，而是游戏欲望的表现；复演说理论认为儿童游戏是对人类祖先生活的复演；天赋本能说理论认为游戏是组成儿童生活的重要因素，能够将儿童内在的精神表现出来；生长说理论认为游戏是儿童练习技能的一种手段，生长的结果就是游戏，相比生活准备说，更加强调游戏的过程价值。相比之下，当代游戏理论则有所不同，强调游戏的情感、智力和社会益处。例如，精神分析理论的观点认为游戏是对焦虑情绪的防御；认知理论强调游戏的智力价值；而唤醒调节理论则认为儿童游戏是为了给自己提供最佳水平的刺激。

从古埃及时代到欧洲中世纪末，儿童被认为有特殊的需要和特殊的活动，包括游戏。然而，在文艺复兴时期，儿童被认为与成人相比并不重要，他们完全融入了成人世界，即所有年龄的人都在一起工作和游戏。在17世纪，一种新的儿童发展观念逐渐形成，儿童的发展开始被社会关注，并具有不同于成人发展的需要和问题。法国人总是比英国人更接受儿童游戏。在法国，游戏被认为只适合于儿童，而在英国游戏则被认为是一种轻浮的活动，干扰了儿童的纪律和学习。美国早期清教徒的遗产使得美国人一直具有对儿童和游戏价值的矛盾心理。与英国人相比，美国人与他们的孩子更亲近，对他们更宽容，但与法国人不同，他们没有完全接受儿童的游戏性。如今的美国人更加接受儿童游戏，更加意识到儿童的特殊发展特征和需要。一些心理学家认为，人们试图接受游戏，但不理解它的功能，而另一些学者认为，人们吝惜给予儿童游戏的机会，并催促儿童加速进入成人期。

（一）儿童游戏的认知发展阶段

在美国本科时期，为了更深入了解教育领域，我在学校的早教中心和小学均有过一段实习经历。通过实践过程，对教育学、儿童心理学知识逐渐有了自己的体会。近代著名的儿童心理学家让·皮亚杰在1920年的研究标准化智力测验中发现，低龄儿童总会犯相同的错误，而年纪大的儿童却不会，他认为原因在于他们的思考方式不同，于是他将余生都投入到儿童智力发展的研究之中，才形成最终的儿童认知发展理论。该理论将儿童认知分为四个阶段：感知运动阶段、前运算阶段、具体运算阶段，以及形式运算阶段，这四个阶段可能不固定在同一年龄段，也就是说儿童们会先后经历这四个阶段进而形成成熟认知。

▲ 感知运动阶段（0~2岁）

这一阶段的主要特征为，幼儿试图通过多感官尝试探知世界，大脑想要尽可能地用眼睛看、用手抓握和用嘴吸吮来了解外部环境。

在认知层面上，这个阶段的幼儿经过0~2岁的发展，可以理解客体永久存在概念。简单来说，就是在阶段初期（0~9个月），当父母把玩具遮挡起来后，幼儿可能会认为物体消失了感到焦虑进而哭泣。而幼儿在这一阶段的中期（9~12个月），当事物不在眼前时，已经能够意识到事物仍是存在的——“玩具只是被遮挡住了，可以到遮蔽物后面寻找”。

▲ 前运算阶段（2~7岁）

这一阶段的主要特征为：（1）有很多幻想，认为一切物体都是有生命的。早教中心的孩子都有自己最心爱的玩具，他们大多喜欢给心爱的玩具起名，并进行对话。比如，三岁的艾玛会在自己吃饭的时候给最喜欢的洋娃娃喂饭，认为洋娃娃不吃饭就会和自己一样感到饥饿。（2）一切以自我为中心，只能够站在自己的角度看待问题。比如，四岁的汤姆给妈妈送礼物，会送自己最喜欢的毛绒玩具，认为自己喜欢的妈妈也一定会喜欢。（3）思维具有不可逆性。儿童不能从心理上通过问题的各个步骤，以相反方向回到出发点，这是前运算阶段最重要的非逻辑特征。例如儿童不会进行逆向思维：“一个装满水的杯子，往杯子里继续加水，溢出的水是原先杯中的水还是刚加的水”“把高杯子里的水倒入原来的杯子中，两个杯子的水是不是一样多”。比如，当直接告诉汤姆“艾玛是你姐姐”，他能够理解。但是当你反向告诉他“你是艾玛的弟弟”，问他怎么称呼艾玛，他却很难回答。（4）没有守恒概念。比如给儿童呈现两排数量一样多的糖果，前后排列一致，让他们回答两排糖果的数量是否一样多，儿童一般都能回答正确。但是如果把其中的一排扩大或缩小间距，改变其外观形态，然后再让儿童回答两排糖果是否一样多，小于7岁的儿童很难回答正确。

在认知层面上，这个阶段的儿童还无法进行具体运算，他们学习说话，理解文字、图画和动作是代表事物的符号。如拥抱代表热情、微笑代表友善。四岁左右的孩子非常喜欢问大人问题，无限循环的“为什么”简直能把大人逼成一本行走的“十万个为什么”，这个阶段的儿童初级推理能力诞生，皮亚杰将这一阶段称之为“直觉时期”。

▲ 具体运算阶段（7~12岁）

这一阶段的主要特征为：（1）有逻辑地思考具体事件，抓住具体的类比含义。（2）获得了长度、体积、重量和面积的守恒概念。（3）出现了去自我中心主义，这是儿童社会性发展的重要标志。

在认知层面上，这个阶段的儿童能够发现某种规律，比如颜色、大小等排序规则。例如给定的模式是□△○□△○，那么下一个图形应该是什么？其次，这阶段的儿童还能够归纳总结描述所看到的事物，如学校中有同学今天做了什么。此外，这个阶段的孩子还有了守恒概念，他知道将一杯水倒入高矮不同的杯子中，其实总量是不变的（前运算阶段的孩子会认为较高的杯中水更多）。

▲ 形式运算阶段（11~16岁）

在认知层面上，这个阶段的青少年能理性思考抽象的概念和假设的情况，如理解成败、爱恨，对自我身份认同和自我道德有了更深的理解。大脑可以进行归纳演绎，分清主次，思考“思考”这一行为本身进而可能进行哲学层面的深度思考。皮亚杰坚持终身学习理论，但也强调形式运算阶段是人们认知发展的最终阶段。

（二）儿童游戏类型

▲ 按儿童认知发展水平划分的游戏类型

皮亚杰认为儿童游戏的发生、发展反映着儿童认知发展水平的变化。有什么样的认知发展水平，就有什么类型的游戏出现。在感知运动时期，出现的游戏是练习性游戏；在以自我为中心的表征活动时期或前运算时期，主要的游戏类型是象征性游戏；在具体运算时期，主要的游戏类型是规则性游戏。游戏活动的类型与发展反映儿童的认知发展水平。

表1　皮亚杰的认知发展阶段与游戏类型

年龄	认知发展阶段	游戏类型
0~2岁	感知运动阶段	练习性游戏
2~7岁	前运算阶段	象征性游戏（结构性游戏）
7~11岁	具体运算阶段	规则性游戏

1.练习性游戏

练习性游戏是游戏发展的最初形式，也称为机能游戏或感觉运动游戏，对应于发生在感知运动阶段。在出生后的第一年里，儿童会进行大量的感觉运动游戏：重复已经学会的感觉或运动活动，纯粹是为了获得重复的乐趣。大约5个月大时，婴儿开始玩物体，但早期的物体游戏有点不成熟，因为婴儿对物体本身的属性不感兴趣，而对自己在物体上的动作感兴趣。然而，到了9~10个月大时，他们开始对物体进行区分；他们更喜欢新的而不是熟悉的物体，并以不同的方式处理不同的物体，以便尽可能多地从中获取信息。在儿童出生后的第二年物体游戏会更加成熟，因为孩子此时会在游戏中结合物体，适当地使用物体，并开始将物体纳入象征性的或虚构的游戏中。

2.象征性游戏

孩子们一直在玩耍，他们的创造力往往会指导他们的行为。一个孩子只需一点想象力就可以将一个空盒子变成一辆赛车。这种富有想象力的游戏被称为“象征性游戏”。该阶段是儿童游戏的高峰，对应于前运算阶段。象征性游戏在儿童第二年早期突然出现，其进一步发展的特点是有一系列越来越复杂的层次。在象征性游戏的每一个基本要素中都可以看到：分散，即儿童能够将其兴趣的焦点从自我转移到外部物体的程度；非语境化，即使用一个物体作为另一个物体的替代品；整合，即将游戏组织成越来越复杂的模式。对着香蕉说话，就好像它是一部电话一样，或者把一个空的陶瓷碗变成宇宙飞船的方向盘，这些都是象征性游戏的例子。

为孩子的象征性游戏提供材料非常简单，因为父母实际上并不需要购买任何东西，而是可以使用生活中常见的物品。只要孩子以非常规的方式使用这些设备和物品，他们就是在进行象征性游戏。父母也不需要为孩子计划特定的象征性游戏活动，因为他们会自发进行这一活动。当孩子拥有一些常见的设备时，例如迷你木制熨斗和熨衣板，如果他们将这些物品用于其预期目的，那么这就是功能性的游戏而不是象征性的。然而，如果他们将一块木板放在桌子上，并用一个长方形的积木来假装熨斗，那么他们就是在进行富有想象力的替换和象征性游戏。父母需要为孩子提供非结构化的材料，开放式的资源是不错的选择。越是非结构化的材料，孩子在玩耍时就会发挥更多的想象力。如果父母准备的材料结构化太高，换句话说看起来越像特定的东西，那么这个材料就越可能会被用于该特定目的，从而限制了孩子想象力的发挥。

这一阶段的游戏可以分为三类：自我模仿和模仿他人，物模仿物和人模仿人，象征性的组合。这三种游戏类型分别代表了幼儿的认知发展水平。在第一个水平上，幼儿只是简单地模仿自己或他人，比如模仿电视中的广告语，拿着一本图画书模仿妈妈讲故事等。再大一些的幼儿，开始出现了角色的扮演，比如几个幼儿“过家家”，一个扮演爸爸，一个扮演妈妈，一个扮演孩子，他们用沙土代替食物假装做饭，甚至有的幼儿还会模仿父母的样子训斥自己的“孩子”。第三种类型的游戏属于有情节的游戏，它不再是单纯地模仿零散的活动，幼儿在这类游戏中会把游戏行为和自己的认识与情感结合起来。

成人在象征性游戏中的主要作用是成为孩子的社会指导者，启动游戏程序，控制引入新玩具的频率，根据儿童的行为改变游戏的强度，并提供支持和鼓励。与父亲相比，母亲的指导性较弱，应从事更多的语言和指导性游戏，并与孩子进行较少的刺激性身体游戏。相比于儿童单独游戏或儿童与兄弟姐妹游戏，父母与儿童的游戏更加持久、活跃，而且教会孩子新技能的可能性大幅提高。

这一阶段的最后会由象征不断接近现实。游戏的情节开始变得比较有秩序且注重和现实相结合，并出现了集体象征活动。这个时期的儿童往往会精心地布置自己的游戏场景，并在游戏中演绎出一个情节连贯的故事。

3.结构性游戏

有三个通用特征可以捕捉到童年中期的本质与智力、社会和人格发展领域的趋势相对应。从智力角度看，主要的发展是儿童的思维变得更加有序、有条理和有逻辑。因此，他们的游戏将反映出对秩序需求的增加。此阶段的孩子逐渐以规则为中心，摆脱了具体情节，用规则来组织游戏。例如，一起跳皮筋、丢口袋、玩纸牌等。

青春期的特点是在智力、社会和人格发展方面有重大转变。在智力发展方面，青少年正经历着从童年中期典型的具体推理形式向抽象和假设推理的过渡。青少年的智力需求是对抽象概念化的需求。在社会方面，青少年需要的不仅仅是在同龄人群体中的归属感。青少年在这一时期增加了一种需要，把特定的人挑出来，与之建立亲密的关系，进行更为深入的交流。最后，青少年参与了创造稳定和永久的自我意识的斗争，而游戏往往形成了可以满足这种身份需求的背景。

童年中期带来了虚构游戏的减少，也许是因为：（1）儿童不再需要虚构来满足他们的自我需要；（2）象征性的游戏自然演变成有规则的游戏；（3）随着儿童的发展，他们更加努力地适应现实，而不是像虚构游戏那样扭曲现实。

小学低年级儿童以各种运动和智力技能为荣，这既增强了他们的荣誉感，也可能促进同龄人群体的接受。收藏成为这个年龄段许多孩子的爱好，使他们获得成就感，同时也是一种教育性的消遣。此阶段的思维组织导致了以规则为导向的游戏，比如合作游戏、比赛游戏和团队游戏等。

到了12岁，进入青春期，最受欢迎的娱乐活动包括许多反映自我意识、异性社交和亲密交流的需要。例如，青少年喜欢看手机，看电影，看电视，阅读，参加舞会和聚会，听音乐或看音乐视频。他们也喜欢简单地与朋友一起玩耍，很多青少年游戏都是这种非结构化的。

4.规则性游戏

规则性游戏指有着明确规则限定的游戏，如果孩子想要参与到这个游戏中，他们必须遵守游戏的规则。这种类型的游戏需要玩耍的孩子进行自我调节，这样他们才能成功地遵守规则并抑制个人自我需求。有规则的游戏通常具有逻辑性和秩序性，随着孩子年龄的增长，他们可以开始在游戏中制定自己的策略和计划。规则性游戏是儿童游戏的高级发展形式，它具有代代相传的特点，许多具有简单规则的游戏随着时间推移，经过反复打磨逐步完善，最终会成为不断传承给下一代的经典游戏。

▲ 按儿童社会性发展划分的游戏类型

虽然婴儿在出生后的前几个月就会表现出对同龄人明显的兴趣，但是直到第二年中期，婴儿的交流才有了广泛的数量和种类，并出现了合作性同伴游戏的最初迹象。婴儿与成人的社交游戏先于婴儿与同伴的社交游戏，因为成人是发起者，为游戏提供结构。然而，到了第二年中期，婴儿能够提供自己的结构才使同龄人游戏成为可能。

2~5岁儿童的特点是僵硬和固执的程度降低，稳定性、可靠性和可预测性的程度提高，并从以大肌肉动作游戏为主转向以小肌肉动作游戏为主。游戏中的感觉探索正在减少，而社会性则有所增加，反映出儿童对成人的兴趣和认同。在这一时期，儿童从独处和旁观的游戏转为平行游戏，然后再转为联想和合作形式的游戏，但所有形式的游戏在所有年龄都存在。游戏小组的规模随年龄增长而增大，同样的游戏材料在不同的年龄段会有不同的使用方法，年龄较小的儿童通常是单独地玩，而年龄较大的则将其融入合作的社会性游戏中。那么各个阶段究竟具备哪些特点呢？

1.空闲游戏阶段

这种类型的游戏通常发生在孩子从出生到三个月的时候。这个时候的孩子相对静止，他们的游戏也显得分散。这种类型的游戏为其他五个阶段的游戏奠定了基础。空闲游戏看起来就像孩子在没有任何组织的情况下探索他们周围的材料。这个阶段让孩子练习操纵材料，掌握自我控制并了解世界是如何运作的。

2.独立游戏阶段

当孩子在没有任何其他社会参与的情况下自娱自乐时，就会发生这种类型的游戏。独自玩耍的孩子可能不会注意到其他孩子。父母有时会担心孩子一个人玩太孤独，但其实一个人玩是很正常的。当孩子们进行独立游戏时，他们能够自由探索，掌握新的个人技能，如新的运动或认知技能，并准备好与他人一起玩。

3.旁观游戏阶段

这个阶段，孩子会作为一个旁观者专心致志地看着其他孩子玩耍但不会加入。他们玩耍时的积极部分是观察别人如何玩耍。有时父母很容易认为参与旁观游戏的孩子可能会感到孤独或害怕与其他孩子互动，而实际上这是游戏发展的一个非常正常的部分。就像成年人在咖啡店里“观察人”一样，孩子们通过观察别人会学到很多东西。他们了解游戏和人际关系的社会规则，他们探索不同的游戏方式或使用材料，他们了解整个世界。

4.平行游戏阶段

当孩子在彼此旁边玩耍但并没有真正互动时，就会发生平行游戏这种情况。例如，两个孩子可能在地毯上并排驾驶汽车，但他们的游戏实际上并没有重叠。在这个阶段，孩子们并没有真正参与社会交流。把这个阶段想象成一个热身运动——孩子在同一个活动中并肩工作，练习技能并学习新的方法来共同参与。

5.联合游戏阶段

这种类型的游戏意味着孩子的转变。孩子开始对其他“玩家”更感兴趣，而不是更专注于游戏中涉及的活动或对象。联想游戏让孩子们开始练习他们通过旁观和平行游戏观察到的东西。在活动或探索过程中，他们可以开始使用新发现的社交技能与其他儿童或成人互动。

6.合作游戏阶段

这个阶段的特征就是“玩家”之间的合作努力。孩子可能会采用集体目标和制定游戏规则来进行游戏。合作是一项高级技能，对年幼的孩子来说可能非常困难，合作游戏也往往涉及很多冲突。在这些类型的游戏场景中，孩子有时难以分享玩具、轮流领导和协商控制。父母可以通过与孩子保持密切联系并帮助他们学习健康的情绪表达，并教他们解决问题的技能来支持孩子参与合作游戏。

社交游戏的特点是在社会互动的背景下参与非文字行为；也就是说，一个孩子的连续非文字行为是以伙伴的非文字行为作为条件的。有三种能力对社会性游戏是必不可少的。首先，儿童必须对现实有牢固的把握，因为儿童必须明确区分什么是真实的，什么是虚构的。第二，儿童必须能够认识到轮流游戏规则的存在并遵守这些规则，即使这些规则在游戏开始时没有具体规定。第三，在发展游戏情节的主题时，儿童必须分享他们的想象力。

当儿童游戏时，他们经常会设定一些场景。游戏场景讲述的故事包括谁参与了游戏，他们在哪里，发生了什么，为什么会发生，以及“演员”们的感受如何。当儿童首先决定他们要进行什么游戏时，他们会依靠自己的想象力参与制订计划：不同儿童分别扮演不同角色以及每个人如何推动游戏情节发展。这种计划和所涉及的思维过程反映了叙述性思维和结构。在计划游戏方面遇到困难的儿童更有可能避免参与或只是少量地参与。由于游戏实际上需要这些思考和计划的过程，不自发游戏的儿童可以通过让他们谈论潜在的叙事故事作为游戏场景的基础而得到游戏的支持。当游戏中出现冲突时，沟通是必要的，以实现所需要的改变。叙事发展构成逐步的情节发展；游戏冲突类似于虚构的个人叙事问题，并导致感受的改变。成人可以帮助儿童讨论问题，确定他们产生的情绪变化，并讨论解决问题的计划和行动。

在最普遍的意义上，社会性游戏鼓励儿童关注作为游戏情节基础的规则，并使他们意识到某些规则是所有社会互动的基础。更具体地说，社会性游戏在儿童生活的许多特定领域都有好处。首先，父母与儿童的游戏似乎在依恋过程中很重要，正如父母的游戏性与孩子的依恋程度密切相关。这一事实表明，如果父母经常与儿童一起参与游戏，让儿童对游戏活动节奏有足够的敏感度，以满足孩子的需要，那么这个孩子对父母的依恋程度更高，亲子关系更密切。

小拓展

假装游戏和戏剧游戏

假装游戏可以是一种单独的活动，可以是平行的，也可以是广泛的合作，如社会戏剧游戏的情况。单独和平行的假装游戏在所有年龄段的儿童中都可以找到，但相对于合作假装而言，不成比例的单独假装被认为是社会性不成熟的表现。

戏剧游戏的核心角色是家庭角色，但儿童通常也会扮演各种不同的身份角色，例如：警察、邮递员、消防员等。最有可能刺激创造性思维过程的戏剧游戏道具是那些结构最少的道具。但是如果道具功能不够明确，反而会给儿童留下太多的想象空间，导致大部分儿童尤其是年幼的儿童或缺乏戏剧游戏经验的儿童，可能不知道如何使用这种道具进行游戏。戏剧游戏的功能很多，核心是通过对成人的简单模仿和角色的逆转，用于强化现实生活中的角色、反映家庭关系、表达迫切的需要和被禁止的冲动。总体来看，戏剧性游戏是学前儿童在情感、智力和社会方面的有益补充。

二、儿童游戏在早期教育中的应用

游戏被认为是最古老和最原始的学习行为。试图仅仅根据快乐来定义游戏是不合适的，因为许多活动给儿童带来的快乐并不是游戏，例如吸吮奶嘴。澳大利亚哲学博士海伦·布赖特纳赫把基于游戏的学习定义为儿童积极地参与到他们的学习中。以游戏为基础的学习目的是激励、推动和支持儿童发展技能、认知、沟通技巧和创造力。它还为儿童提供了发展积极态度的机会，展示对近期学习、技能和能力的认识，并巩固学习。在过去几年中，许多学者已经认识到游戏是一种儿童活动。他们进一步确认了游戏在儿童认知发展中的作用。儿童对游戏的倾向与儿童创造性地推理潜力和能力有关。愿意游戏或参与游戏活动的儿童更有可能成长为具备批判性思维和拥有创造性的人。

（一）儿童游戏的关键是自由玩耍

基于游戏的学习包括愉快的、自我选择的、非结构化的、虚构的和面向过程的元素。儿童不是被迫进入游戏的，他们自愿决定进行游戏、选择游戏的类型以及游戏的时长。成人可以发起游戏，并且向儿童建议希望他们进行的游戏种类。儿童空间通常为儿童喜欢进行游戏的场所，这是游戏中最关键的方面之一。尽管在游戏过程中可能存在一些分歧或挫折，游戏结果仍然是愉快和令人高兴的。儿童游戏没有设定在一个特定的结构上，孩子们在游戏中总是有新发现和自由探索，这是孩子们的美好时光。游戏通常是由孩子们的兴趣所引导的，而不是由任何规则和条例所设置的。总之，自由玩耍主要有以下五点：

第一，玩耍必须是愉悦享受的过程。这并不意味着你躺在地上笑得前仰后合才是玩耍，玩耍总是充满乐趣。

第二，玩耍没有任何外在目标。你不会在玩耍的时候说：“嗯，我觉得我现在玩耍，之后就会获得一些课前阅读技巧了。”玩耍是为了玩而玩，玩耍不具备任何功能，也不掺杂任何功利性的目的。

第三，玩耍是自发自愿的，孩子自主进行选择。不应该为孩子指定需要进行的游戏。事实上，一项研究中，一位幼儿园老师给学生分配游戏活动时，学生认为这是任务。然而其他时候，他们却把同样的活动说成玩耍。如果你出于功利的目的让孩子踢足球，那就不能算是玩耍。如果孩子觉得自己有压力，那一定不是玩耍。

第四，玩耍需要孩子的积极参与。孩子一定是自己想玩游戏。如果孩子只是被动地坐在那里，并没有过多地参与其中，这也不是玩耍。

第五，玩耍中包含一定的想象成分。幼儿玩的许多游戏中，有一种抽象成分，一种脱离现实的元素。例如，一个孩子假装倒出饮料，然后喝掉，这就是玩耍。

但事实上，如今许多父母都对这些因素感到不安。如果用这些标准来衡量，我们让孩子参加的一些活动并不是“很有意义”。所以许多父母和老师认为必须为孩子选择玩什么，而不是让他们自由选择，这就与玩耍的定义背道而驰：“玩耍应该源于孩子的渴望。”当然，我们可以为孩子提供一组有限的选择，然后让他们从中进行选择。然后我们应该推动他们的玩耍，这才是父母和教师该扮演的角色。对孩子真正有益的是自由玩耍，而不是父母老师安排的活动。

（二）父母应正确看待儿童游戏

游戏在早期生活中的作用，特别是在学前教育中的作用，一直是儿童早期发展的一个热门话题。早期教育中有很多令人深思的问题，其中之一就是基于游戏的学习。根据美国2010年的一项民意调查，45%的父母和监护人说他们可能没有足够的时间来指导他们的孩子进行游戏。游戏有时被误解为简单的玩耍，而不是在玩耍中学习。家长和监护人可能没有意识到游戏的优势以及它可能对孩子的帮助。父母经常认为，学习必须类似于学校的环境，没有意识到游戏的意义。当孩子们从书架上取书时，父母可能认为儿童是在玩耍，但是孩子实际能够真实地感知到书籍的重量和质地；当孩子们在沙地堆建城堡时，同样不仅仅是我们眼中的玩耍，而是在潜移默化中学会了构思和构造。儿童通过许多成年人认为微不足道或无用的游戏进行学习，还有一些简单的小游戏，儿童也能从中学到很多东西。

哈佛大学“零到三岁”研究协会曾做过一项关于儿童玩耍的家长调查，87%的3~5岁儿童的父母都认为玩耍对健康成长很重要，部分父母还知道哪些类型的游戏对孩子最有利。调查中，家长们认为某些游戏活动能最大限度地激励孩子，比如搭积木（6个月）、扮演一场会话（2岁）、用美术工具做艺术品（4岁）、和爸爸打牌（6岁）等。相反，玩电脑（2岁）、在电脑上绘画（4岁）、背识字卡片（4岁）等活动则被父母认为不利于孩子的最佳成长。这一调查结果与研究人员的观点基本一致。

这一结果告诉我们，家长们似乎都了解到玩耍的价值，但是实际上自20世纪80年代以来，儿童自由玩耍的时间在不断减少。由此可见，父母和孩子一样，很多时候明明知道该做什么，但就是做不到。他们担心如果相信自己的直觉，孩子就会错过一些关键技能的学习，输在起跑线上，所以拼命地给孩子安排各种补习班、兴趣班，这种行为反而扼杀了孩子的学习兴趣和动力。

小故事

童年在游戏中学习

从小我就特别爱到处玩耍游戏，我爬过院子里歪七扭八的老树，搭着梯子和哥哥去摘樱桃，到铁路边的小水塘去捡过小螃蟹，站在充气城堡的高处往下跳，用水和泥搓成一个个圆球，把好几种颜色的水倒在一个杯里……

爬树的时候我学到了要找倾斜得平一点的地方落脚，太陡的树不仅不好爬还容易摔下来。搭梯子的时候我知道了梯子要靠在墙上才稳当，光光的一根梯子是不能凭空立住的。捡螃蟹的时候我学到了要搬开小石头才能找到螃蟹，因为螃蟹喜欢躲在石缝里。在给城堡充气的时候我知道了打的气越多城堡就越结实，打气太少城堡就软塌塌的，导致我跳不起来。和泥时我学到了水可以让散乱无章的沙子紧紧地抱在一团。把各种颜料倒在一起的时候我发现了不同的颜色混合在一起可以得到新的颜色……

总之，游戏最大的魅力就在于它从来不仅仅只是游戏，而是能够让儿童在自由玩耍中无意识学习到许多意想不到的知识和技巧，这些并不能在课堂中学习到或被他人直接传授，儿童只能在不停的亲身经历和探索之后才能获取这些特别的知识。

小拓展

常见的几种儿童游戏

（1）角色扮演

孩子可以扮演生活中常见的职业角色，如警察、消防员、医生、教师等，在扮演过程中了解每个角色的定位和职能，激活平时生活中积累的经验和感受，将自己带入角色当中。如果扮演过小偷，对于孩子是最大的潜移默化教育，正面人物都是孩子们积极争取的重点。

（2）挖沙游戏

挖沙游戏看起来只是孩子拿着小铲子像小地鼠一样在不停地刨土，其实通过挖沙游戏，孩子“挖洞”“修路”，与环境积极地进行互动，能够学到很多重要但是父母不会教授的知识。

（3）搭积木

搭积木可以培养孩子的动手能力与思维能力，当孩子看到积木时心里就会想到他想要拼凑的东西，并在脑海中提前进行结构模拟，最后通过双手将想法转化为具体实物。

（4）模仿秀

通过模仿秀游戏孩子可以模仿动物、植物的特点或是模仿某个人说话的语气、走路的姿势等特征，这个游戏其实可以培养孩子的观察能力，当他把某个物品或人物的特征模仿得惟妙惟肖时，说明他对观察事物的本身已经足够细致了。

小拓展

父母游戏力

游戏力（Playful Parenting）是一种基于玩耍式游戏的养育方式：它不是枯燥乏味的说教，而是运用孩子的语言（口头或身体）来表达需求；也不是剑拔弩张势不两立非要区分是非对错的情感对立，而是放下冲突，“让我们先玩一会儿”的联结。

例如：女儿赖床不起来，如果粗暴地说“快起床”，只会适得其反。但是如果能按照她的思维假扮睡美人的游戏：你一边自言自语讲着睡美人的故事，一边假装自己是王子，讲到“王子轻轻地吻了一下公主，她就醒了的时候”，你也轻轻地吻一下女儿，我保证大多数情况下，她能马上睁开眼睛，而且很开心。

（三）教师应合理设计儿童游戏

越来越多的研究和实践表明，游戏是儿童学习和发展最有效的途径之一。儿童在小时候最喜欢的往往不是设计精巧的高级玩具，而是随处可见的生活用品。因为设计精巧的高级玩具在玩法上的局限性会限制了孩子的想象力，不如生活用品这类寻常物品更能激发孩子的好奇心。

成年人在游戏中给予适度引导能够启发孩子发挥创造力，使用丰富的语言也能促进孩子的言语发展。孩子在互动过程中还能提高情绪调节能力、社会交往技能和规则意识。因此在早期教育中，教师可以将游戏教学引入到教学过程中，利用游戏来吸引学生的目光，引起学生的重视，使学生贪玩的天性得到解放。但是教师在设计这些游戏活动时，必须要预设具体的目标。

小案例

早教中心的游戏时间

我在美国工作的早期教育中心每天会有两个固定的游戏时间。一个是室内的自由玩耍，另一个是室外玩耍。在自由玩耍这个时间段，孩子们可以随意地动用教室里的任何玩具和器具，包括教具。他们可以随心地用他们自己喜欢的方式来进行游戏。比如不用彩笔来画画而是当作小棍装在小汽车背后，又或者把装积木块的桶当成帽子比比谁戴得更高。而室外玩耍包括在学校旁边的小溪里筑坝、爬树桩、从小山坡滑下来、一脚踩进膝盖高的雪堆……

三、儿童游戏的益处

根据大多数理论观点，游戏是儿童在年幼时从事的第一项创造性活动，想象力在游戏中得到培养和滋长。根据苏联心理学家利维·维果斯基的文化历史理论，游戏是最关键的活动，它使儿童了解他们周围的环境和世界，促进他们的社会、认知和情感发展。他们还认为，成人有责任从方法和内容上，让儿童参与有意义和有挑战性的任务，以鼓励他们的心理发展。以游戏为基础的学习模式有利于儿童的认知发展，并可以在几个方面帮助他们学习。最重要的是，这种模式能促进幼儿身体发育、语言能力和识字能力、社会性交往、自主性、探索性、独立发现和解决问题能力、智力开发等方面的发展。

（一）游戏有利于儿童身体的发育

活泼的学龄前儿童精力充沛。按照儿童身体成长发育规律，活泼好动是孩子的天性，也是儿童正常的生理表现，儿童大小肌肉群的反复运动能建立和完善这些身体部位的工作情况。

儿童首先发展大运动技能（粗大动作技能和精细化动作技能）。这就是为什么2岁、3岁和4岁的孩子游戏时，往往会做更多的奔跑、跳跃、伸展和摆动，而不是坐着不动。比如使用手部肌肉进行绘画或操作小玩具。因此让孩子在这两种技能上进行玩耍是个好主意。

小拓展

促进学龄前儿童身体发育的活动

进行家庭散步。步行、跑步、慢跑和行进交替进行。玩“我是间谍”的游戏，或者开始收集羽毛或树叶，作为你们散步时的消遣。如果在室内，可以带着乐器或旗子进行游戏。

沙箱游戏时间。孩子普遍都特别喜欢玩沙子，在盒子里装满沙子玩具，鼓励孩子玩耍。

陪伴孩子玩水。游泳池、洒水器或流动的水管都能鼓励孩子泼水、奔跑和触摸。（在水边时一定要时刻注意孩子的安全）

在客厅或后院做一个障碍赛。由垫子、纸板箱、玩具或其他东西组成，让孩子在上面跑来跑去，攀爬玩耍。

玩假装游戏。动物是幼儿的最爱。“你能像小鸡一样走路吗？像马一样奔跑吗？小狗是做什么的？”或者鼓励你的孩子像飞机一样在小区里“飞”，或者划船过房间。

玩球。涉及踢球、投球和接球的游戏是很好的练习。在学龄前阶段，尽量不要对规则进行过多的要求。

跟着音乐跳舞。让您的孩子接触不同风格的音乐。玩乐器也能促进身体发育。或者分享有身体动作的曲子，如“我是个小茶壶”。许多熟悉的歌曲通过手指游戏强调精细运动技能，“一根手指点点，两根手指剪剪，三根手指弯弯……”

平衡游戏。在地上放一根绳子，假装是走钢丝或海盗船的木板，以发展平衡。

洗车、洗狗。凡是涉及水或肥皂水的东西都是令人振奋的乐趣。吹泡泡，让你的孩子试着抓住它们。

介绍你小时候的游戏。一切对你的孩子来说都是新的。“围着玫瑰花转”“红灯，绿灯”“老狼老狼几点了？”。

举办一场木偶戏。做袜子或手指木偶，或使用玩具和孩子一起蹲在桌子后面表演。

以超越美术桌的方式培养精细运动技能。帮助你的孩子用粉笔画一个村庄，用棍子在外面的泥土中描画，或在室内用面粉或玉米粉描画。

（二）游戏能提高儿童语言能力和识字能力

当我们鼓励幼儿的早期语言和识字能力时，它可以让孩子们在以后的生活中取得成功。早期识字能力的发展从孩子出生的那一刻开始，并持续到整个儿童早期及以后。早期识字不仅仅是教孩子阅读和写作；它是关于在每个孩子身上培养对阅读和写作的热爱。有很多方法可以帮助孩子发展语言和读写能力，比如和孩子交谈，给孩子读故事书，给他们讲述自己丰富的经验；音乐、艺术和手工艺制作，以及在大自然中度过美好时光都可以培养语言技能。除此之外，游戏是培养儿童语言能力的重要途径。在游戏中，通过儿童之间、父母之间的双向互动，儿童的语言能力在这个过程中伴随着时间的累积潜移默化地得到提升。不仅如此，同样游戏与识字能力的关系也密不可分。体现在学前儿童的虚构游戏中，虚构游戏和识字能力都需要超越本身现有的能力——把时间花在虚拟的世界而不是真实的世界。因此，孩子们需要自由和时间来玩耍，玩耍不是奢侈品，玩耍是必需品。玩耍对于儿童的发展与新鲜空气、均衡饮食和锻炼一样重要。作为父母或教师，我们需要找到孩子喜欢并能提高语言能力和识字能力的游戏。

小拓展

早期语言和读写能力发展的游戏

在国内一所幼儿园中，几个孩子正在模仿成年人的角色玩“过家家”游戏，扮演“母亲”的小丽对她的“孩子”小明语气非常严厉，小明就提出抗议：“妈妈说话不是这样的，妈妈说话是轻轻的，柔柔的。”扮演母亲的小丽清楚地知道自己并不是真正的“妈妈”，但是她需要改变自己的语言方式，尽力去模仿“妈妈”说话的口气，操持“家务”，照料“孩子”，分派家里人的“工作”，并与周围人交往。在这样的游戏中，小丽自然而然地锻炼了语言交往能力。

更正式的游戏可能包括棋盘游戏、纸牌和猜谜游戏。孩子们学到了很多很棒的社交技能，比如轮流玩这些游戏。他们还获得了发展读写能力和思维能力的机会。即使是像 “我是间谍”这样的简单游戏也能帮助他们了解声音和字母。钓鱼、捕捉等配对和记忆游戏也很有帮助，而且很有趣。如果孩子还小，不能玩拼字游戏，可以使用瓷砖或木板，通过发明一种简单得多的新游戏来适应它们。它可能是“找到数字7”或“谁能最快找到自己的名字”。

（三）游戏能促进儿童的社会性交往

在社会背景下，玩耍对孩子的发展很重要。原因是在这个阶段，儿童将开始发展人际关系，建立信任和长期的纽带关系。游戏将通过让儿童发挥创造力和参与假装游戏来增强想象力。它还可以提高儿童的沟通技巧，并在玩耍时培养语言技能。儿童会在玩耍的过程中与同伴互动以建立关系。因此，在游戏过程中需要亲社会行为（又称利社会行为），因为它可以让儿童识别伙伴的情绪并增强他们形成自我观点的能力，并且对游戏伙伴的情感意识可以教会孩子对他人产生同理心。这种在幼时建立的观念很重要，它可以帮助孩子减少以自我为中心的情况。当儿童表现出亲社会行为时，他们也在学习为他人着想。

父母或监护人是孩子的“第一位老师”，是孩子学习体验的主要支持者。因此，父母在通过游戏创造学习空间方面发挥着重要作用。此外，重要的是父母要支持教师，让他们能够在塑造儿童的教育和发展方面发挥积极作用，并促进儿童在家中和社区的日常体验中进行有趣的学习。

适当的学前教育可以帮助孩子形成和发展孩子所需要的观念、智力、身体和运动技能、社交、道德和创造力，然后顺利进入下一个发展阶段。掌握良好社交技能的孩子不仅能够享受童年时光，在成年后步入社会也更容易适应环境。幼儿园或早教机构邀请家长进入学前环境与幼儿互动并直接体验学习过程，这将有助于向成年人展示游戏的好处，有助于让家人相信游戏体验，可以培养幼儿在传统学习环境中无法学习的关键技能。此外，社会在建立幼儿与现实世界的关系方面也发挥着重要作用。社区可以提供额外的资源和服务，以帮助儿童通过游戏加强学习。因此，识别社区资源并将其整合到学习中非常重要。比如社区中心、图书馆、博物馆和游乐场，以丰富基于游戏的学习。

游戏和基于游戏的学习对儿童的社会发展很重要。玩耍的孩子更善于控制自己和乐于合作，并且表现体贴、友善，具有较高的社交能力。然而，当儿童失去了玩耍的机会，由于面临着专注于学业的压力，更有可能玩电子游戏，沉迷网络。基于游戏的学习通常发生在儿童与其同龄人或环境之间的积极关系和互动状态中。帮助儿童社交发展的最受欢迎的游戏类型之一是自由游戏和角色扮演。它是通过采用适合儿童需求和年龄的学习方法来解决儿童社会和情感发展问题的方案之一。自由玩耍非常有利于社交能力的发展和孩子的自控力的培养。例如，在自由游戏形式的角色扮演中，儿童将有机会解决冲突中的问题、抑制冲动行为、表达情感、遵守社会规则并支持他人的情感需求。以往研究的结果还表明，角色扮演会影响幼儿早期社会情感技能的发展。提供空间和探索机会的体验是幼儿学习的本质。在这些情况下，儿童能够产生强烈的想象力和幻想，从而产生正面影响。这表明角色扮演不是一种无意义的模拟形式，它具有带孩子探索现实和事实的能力。

另一种用于帮助儿童社交方面发展的游戏类型是通过使用谜题的游戏进行刺激。研究人员研究使用拼图对学龄前儿童的社会发展和自主性的影响。结果表明，拼图对儿童的社会发展有显著影响。游戏训练孩子养成合作的态度和耐心，孩子能很好地控制自己，在众多伙伴中等待轮到自己上场游戏。儿童不仅会通过学习享受以游戏为基础的活动，他们的身体、心理和情感也会得到发展。

（四）游戏能培养儿童的自主性、探索性、独立性和解决问题的能力

21世纪需要创造性地解决问题、会独立思考、社交能力强的人，必然将超越那些只会获得正确答案的人。游戏是儿童最喜爱的活动，是儿童自主性、创造性成长的一种方式。用想象力引导游戏有助于培养孩子的创造力和解决问题的能力。游戏与发现问题、解决问题是自然融为一体的，它为儿童提供了自由探索和大胆想象的机会，儿童在实现游戏意图的过程中会不断碰到各种问题，他们需要面对这些新问题并进行思考，探索解决问题的各种方法，体会其中乐趣，使游戏可以正常进行下去，游戏目标得以最终实现。

小案例

“小饭店”角色游戏

在情景模拟游戏“小饭店”中，两个扮演厨师的孩子小明和小刚准备一

起做麻花，但是在合作中他们发生了分歧。小明说："你做的麻花太硬了，一拧就断，我不要和你一起做了。"小刚说："你不要这样，我们一起想办法好不好？"商量了一阵后，他们将断麻花揉成面团，又在面团里加了点水，这下发现搓麻花时麻花不断了。孩子们终于高兴地笑了。

可以看出，通过游戏儿童的思维更加活跃，自主性、探索性、发现问题与解决问题的能力也得到了提高。此外，儿童在游戏时往往还会有新的创造，如在折叠糖纸、粘贴树叶、制作玩具、搭积木等过程中都能显示出自己的智慧。所以，父母和老师应该创造条件，提供机会让儿童去游戏，让他们体验开发和创造的乐趣。

（五）游戏有助于幼儿的智力开发

很少有实验研究表明具体哪些形式的游戏会给儿童的智力发展带来进步。然而，有强有力的证据支持各种类型的游戏与智力发展之间存在密不可分的关系。一些游戏材料和活动已被确认为极有可能刺激儿童智力增长：积木、黏土、水、音乐和创造性运动。积木让儿童了解测量、等价等数学概念以及形状、种类、颜色等分类方式，并帮助儿童以更全面的视角看待空间。黏土教孩子们如何认识到，无论物体如何变化，总量都是不变的，这种概念被称为质量守恒。玩水有助于儿童学习浮动、测量和液体的流动性。创造性的运动刺激儿童从身体和智力方面对世界的信息进行初步的排序，并认识到可以从多角度看待问题。

许多心理学家认为，用适当的材料进行游戏的经历有助于儿童成为更好的收敛性问题解决者，能够高效地利用信息来得出解决方案，从而快速解决问题。还有一些心理学家认为，使用开放式材料的游戏，一般来说会刺激儿童变得更有创造力。在解决分歧性或多解性问题时，儿童发散性问题解决能力能够得到有效发展，他们会尽可能提出更多方案，经过对比和筛选，最终得出解决问题的最佳方案。

小思考

重新选择

如果现在重新给你一次机会做出选择来为孩子分配10分钟的时间，你会做出什么样的选择呢？

四、儿童游戏是心理治疗的辅助手段

游戏允许儿童在没有其他交流形式时进行自我表达（例如，自闭症儿童不愿意和外界进行语言交流），所以游戏被发现是儿童心理治疗过程中极其宝贵的方式，为成人提供了一个从儿童的角度理解儿童世界的机会。游戏活动对儿童来说是愉悦的，能够帮助儿童放松心情，卸下他们可能有的戒备和防御，并愿意尝试表达他们的感受。

（一）什么是儿童游戏治疗

游戏治疗是一种以游戏为手段对儿童的心理和行为问题进行探索、矫正和治疗的干预策略。在游戏治疗过程中，治疗师会使用游戏引导孩子完成一系列活动，这些活动被选择来代表特定问题。通过游戏能够为儿童营造一种自由的环境，儿童在游戏中发现自己的问题，挖掘自己的潜力，从而促进内心世界的变化。这种疗法常用于治疗儿童的心理和行为问题，它适用于任何年龄的儿童，是一种有效促进改善他们内心世界变化的方式，让儿童摆脱心理问题的困扰。

（二）儿童游戏治疗的起源

儿童游戏治疗起源于1909年，是由精神分析流派鼻祖西格蒙德·弗洛伊德提出的，第一例儿童心理分析案例叫作“小汉斯和大坏蛋”。小汉斯是一个5岁的小男孩，他因为母亲的威胁和父亲的不认同患上了恐惧症，弗洛伊德向汉斯的父亲提供建议，试图将小汉斯恐惧的“大坏蛋”与其他物体联系起来，并让他通过游戏的方式为小汉斯提供尽可能宽松愉悦的环境，让小汉斯发现其实“大坏蛋”是没有危险的。在小汉斯的恐惧症被治愈之后，弗洛伊德也根据这一案例提出理论：游戏能够有效缓解儿童的焦虑、恐惧等负面情绪。儿童精神治疗的第一步总是帮助儿童克服对“大坏蛋”的恐惧，这样他们就可以继续探索周围的世界。弗洛伊德虽然没有明确提出游戏治疗法，但他提出的精神分析理论影响了后来的学者对游戏治疗法的深入研究。

1920年代，安娜·弗洛伊德（西格蒙德·弗洛伊德的女儿）引入了她的游戏理论，开创了一种针对儿童的新型疗法。她认为孩子们在治疗室的游戏行为揭示了他们无意识的想法和感受。她开始系统地组织利用游戏进行儿童精神分析治疗，开创了游戏治疗作为一种新型心理治疗的先例。安娜·弗洛伊德在观察儿童游戏和他们在治疗中的行为的基础上发展了她的游戏理论。她注意到孩子们经常用自己的身体来表达感受、想法和需求。孩子们也会使用一种特殊的方式将玩具组合在一起，以表达情感。

精神分析治疗师认同游戏是治疗的辅助手段，但对它的具体使用方法有不同意见。例如，奥地利精神分析学家梅兰妮·克莱茵把游戏当作自由联想的等同物。她相信儿童在游戏中不会直接而是象征性地表达他们所有的内心感受。在她与儿童的工作中，克莱茵会观察儿童的游戏，并不断地把她认为是潜在的象征性信息翻译成文字。她假定，如果象征意义被指出来，儿童就会有足够的洞察力来认识他们行为的意义，而且随着儿童更好地理解他们的需要和感受，他们会逐渐发展出新的和更有效的方式来适应他们周围的世界。

安娜·弗洛伊德因为和她父亲的分歧而闻名，她反对父亲把游戏作为儿童情绪、思想和记忆的释放机制，并将其比作“自由联想”或者“幼稚游戏”，她认为儿童的游戏往往比这更有意义，并且她表示对儿童游戏的观察，可以让成人们在治疗室有限的空间里，看到儿童的整个心理世界。

直至1980年代后期，游戏治疗法越来越受欢迎，并且被发现对儿童、青少年和成人都有帮助。然而，不同国家的具体实践方式差异较大。世界游戏治疗协会（WAPT）对游戏治疗的描述如下：“游戏治疗师通过观察儿童来评估他们目前的内心状态并根据儿童的发展需求用游戏的方式帮助他们努力达到最佳水平。”

（三）儿童游戏治疗原理和功能

有时孩子和成人之间的沟通会有点隔阂。根据年龄和发展阶段，孩子和成人之间的沟通会有所不同。年幼的儿童并不具备成人水平的语言技能，他们可能会感觉到一些想法，但在许多情况下，他们要么没有机会向成人表达，要么没有可信赖的成人来表达。另一方面，成人也可能会误解或完全忽略孩子的语言和非语言暗示。孩子通过游戏学习了解世界和他们在其中的位置，在游戏中他们可以自由地表现内心的感受和最深的情感。他们的玩具往往超越符号，具有更大的意义。由于孩子不能在成人世界中充分表达自己，这时就需要治疗师以孩子的认知和语言水平进入他们的世界。当他们玩耍时，孩子可能会变得不那么谨慎，更容易分享他们的感受。

游戏疗法将根据治疗师和孩子的特殊需求而有所不同。首先，治疗师可能想在观察孩子玩耍之后，与孩子、父母或老师进行单独面谈。经过全面评估后，治疗师将设定一些治疗目标，决定可能需要哪些限制，并制订如何进行计划。游戏治疗师将密切关注孩子如何处理与父母分开的情况，他们如何独自玩耍，以及当父母回来时他们的反应。孩子如何与不同类型的玩具互动，以及他们的行为如何在不同的会话中发生变化，可以揭示出很多东西。他们可能会将游戏作为一种舒缓的机制来表现恐惧和焦虑，或者用来治愈自己和解决问题。游戏治疗师将根据这些观察结果作为后续步骤的指南。每个孩子都是不同的，因此治疗将根据他们的个人需求量身定制。随着治疗的进展，可以重新评估行为和目标。在需要的时候，治疗师可能会让父母、兄弟姐妹或其他家庭成员参与游戏治疗。这种方法可以帮助解决冲突、促进康复和改善家庭动态。

根据孩子的情况，治疗师将引导孩子采用某些特定的游戏方法或让孩子自己选择。治疗师可以通过多种方式使用游戏疗法来了解孩子并帮助他们应对问题。例如，治疗师可能会为孩子提供一个玩具屋和一些玩偶，让他们表现出他们在家中遇到的一些问题，或者他们可能会鼓励孩子使用手部玩偶来重现他们觉得有压力或可怕的东西。治疗师还可能会要求孩子讲一个“从前”的故事，看看孩子可能会带来什么。游戏治疗过程可以很简单，例如在孩子绘画时提出问题，以尝试深入了解他们的思维过程和内心世界。

1947年，美国游戏疗法专家弗吉尼亚·亚瑟兰出版了《游戏治疗法》，并在其中阐述了非直接关系治疗的一些基本原则。亚瑟兰认为，治疗师必须与儿童建立友好的关系；完全接受儿童，既不表扬也不批评；传达一种允许的态度；承认并反映儿童的感受；尊重儿童解决自身问题的能力；并有足够的耐心，让儿童在治疗过程中起主导作用。治疗师还必须通过设定限制条件，来降低对材料产生损坏或对儿童和治疗师产生伤害的可能性，使儿童即使在非常放任的游戏室中也能立足于现实。

现代心理治疗师可能会使用各种不同的方法将游戏纳入他们的治疗中。他们较少受到特定哲学方向的指导，而更多地受到现实的实际限制，他们倾向于在早期精神分析治疗师和关系治疗师所代表的直接性的两个极端之间选择一条中间道路。因此，治疗师们会采用各种结构化的方法，在这些方法中，治疗师会首先确定接受治疗对象的需求和问题，并推荐与处理该问题最相关且最有效的游戏材料或活动。在治疗中最常使用的结构化游戏方法是释放疗法以及故事疗法，它基于儿童需要释放负面情绪的需求，帮助他们学习如何最有效地处理这些情绪。

游戏作为治疗的辅助手段，其有效性已经得到充分证实。非指导性的方法似乎比指导性的方法更有效，如果接受过专业治疗程序培训的父母直接与他们的孩子一起参与到游戏治疗中，治疗效果会更显著。

小案例

使用图画游戏进行绘画治疗

在美国的一所幼儿园中，一位游戏治疗师正在接诊一个轻微自闭的孩子。治疗师在与孩子互相介绍后，问道："你玩过画图的游戏吗？"然后一边作画一边向孩子描述出作画的内容。当治疗师在白纸上画出一个正方形时，她描述说："很久以前有一间房子。"接着治疗师在大正方形中画出两个当成窗户的小正方形，以及一个当成大门的长方形，继续说道："这就像是其他的任何房子一样，有两个窗户、一个大门、一个屋顶和两个烟囱。"治疗师边说边在屋子上画出一个三角形，并在屋顶的两角画出烟囱。"在屋子里住着一个男孩，"进行到这里，虽然这位治疗师没有询问孩子任何事情，但是已经借由画图以及用童语解释，为这个孩子提供了一些基础的视觉和听觉上的激励和治疗。

注：这个治疗技巧适用于9岁以内精力不能集中或者精神过于紧张的孩子。

紧张的孩子——具有焦虑、恐惧、沮丧、害羞、压抑，或有强迫症的孩子，对于新环境无法很好地适应。这些孩子需要有趣的活动来减轻他们的忧虑。

精力不能集中的孩子——具有冲动的、不专心的、爱反对或多动的孩子，需要有明确的引导与结构。这个治疗除了能为这些不同的孩子提供所需的帮助之外，也在无威胁性的状况下建立起治疗者的权威性。

第三节　父母和孩子良好的亲密关系

“这是一节专门写给父母的内容”

心理学家阿尔弗雷德·阿德勒说过：“幸运的人一生都被童年治愈，不幸的人一生都在治愈童年。”一般来说，所谓幸运就是从小便生活在一个良好的、有爱的生长环境中，家庭和谐父母关系和睦，这非常有助于塑造孩子健全的人格，对孩子的未来成长有极大的益处。而所谓不幸则是童年时期长期处于缺乏父爱或母爱以及压抑或被忽视的成长环境中，这样的环境很难培养出健全的人格。事实上，每个父母都希望能和孩子建立良好的亲密关系，从而陪伴孩子幸福快乐地成长，但现实生活中，大多家长都是第一次做父母，不知道如何和孩子建立亲密关系，那究竟应该怎么做呢？

一、每个孩子都需要有一个为他“疯狂”的成年人

大多数父母很容易关注孩子的行为、学习成绩、经验或能力，而不是他们和孩子之间的关系。如果你是一位家长，请你回忆一下你谈论得最多的是什么。是你对孩子的照顾喂养，是你新试用的锻炼孩子纪律的方法，还是你如何享受与孩子在一起的时光？当你在训练孩子如何使用牙刷时，辅导孩子如何完成家庭作业时，教导孩子要遵守何种规矩时，思考一下：“这能否加强你与孩子之间的亲密关系？”

保持对孩子热情和温柔，让他们感受到父母很在意自己的想法。不妨试试这样说：

“我迫不及待想周末和你一起出去放风筝。”

“我喜欢在你堆积木的时候看着你。”

“你看起来很沮丧，你遇到不开心的事情了吗？我可以抱抱你吗？”

“你用黏土捏了个小汽车，这真棒，你可以教我吗？”

“窗外有一只你很喜欢的小鸟，你想一起看看吗？”

二、想办法让孩子发挥他们的长处

孩子可以从父母的眼中看到自己的影子。当孩子知道父母深深爱着自己，了解自己的长处，并总是愿意相信自己时，他们就会把父母的这种无条件的爱与信任转变为自己的信念，变得更加相信自己。父母应该时刻关注孩子何时燃起兴趣或自信，并为他们创造机会做自己喜欢的事情，发挥自己的长处。假设你有一个喜欢运动的儿子，他爱玩捉迷藏和你追我赶的游戏。那么父母可以每天都为他安排体育运动的时间。让爸爸在公园里和他一起踢球或跑步，去球场看精彩的街头篮球比赛。再假设你有一个爱画画的女儿，那么就为她准备足够的蜡笔和白纸，让她可以在没有干扰和建议的情况下随意地创作，并把她的作品好好保存和珍藏，比如说贴在家里的墙上，设置成父母的手机屏幕背景，或者送给爷爷奶奶作为礼物。因此，父母应该重视孩子的长处，并为孩子提供让他们能够发挥自己长处的机会。

小故事

珍贵的手工贺卡礼物

我在美国芝加哥的邻居就是一个有着两个小男孩的家庭。美国大大小小的节日我们都会互相在彼此的房门口留下礼物。每次我都会收到这两个孩子精心制作的手工贺卡，或者是精心画的小小便签。我很喜欢他们父母对待孩子作品的方式，他们将此看作是非常珍贵的礼物送给了喜欢的人。

三、用积极的语言来思考和谈论你的孩子

爱的众多语言之一就是积极和肯定的话语。这意味着父母要经常对孩子说谢谢并告诉孩子他们做得很好、认可他们的努力、承认他们的成就，因为大多父母经常会低估让孩子知道自己表现得很好的重要性。表达肯定的话可以很简单，比如：“谢谢你倒了垃圾！”通过说谢谢，肯定了孩子们的努力和成果，这是父母可以用来为孩子提供所需情感支持的一种方法。

语言对自我形象和其他人的期望有很大影响。当人们第一次见到一个被描述为“疯狂”或“失控”的孩子时，非教育工作者可能会下意识地带着偏见和预设来“证实”这个孩子是有问题的，但是教育工作者则会观察孩子的行为来判断和分辨他们所听说的描述是否是真实准确的。同理，当一个孩子

被描述为“有活力”“乐于助人”“有发散性思维”“有艺术细胞”或“是个可靠、忠诚的朋友”时，人们也会积极寻找孩子身上的这些优点和天赋。

小故事

孩子不寻常的行为可能也是一种天赋

有一个三岁的美国小女孩，她有着不寻常的动力和专注，并且她做事的方式也非常特别。她可能会花一个小时把两百个贴纸包里的每一个贴纸都贴在给奶奶的卡片上。如果她在学校做拇指印画项目，她会做七十个拇指印来覆盖一张海报大小的纸的每一寸。如果她玩乐高积木，她会用积木桶里的每一个积木来一起搭建一座塔。在户外活动时，她每天都会按照同样的顺序玩她的玩具和小汽车。在她学走步的时候，她的母亲就非常担心她是否患有强迫症。她的母亲向儿科医生提及此事，医生告诉她，她的侄女小时候也这样，有一段时间她也有着同样的担心。但她侄女长大后成为了一名工程师。儿科医生告诉这位母亲，很多父母经常把孩子的任何不寻常的行为看作需要诊断的问题或障碍，这很让人惋惜。孩子们最好的长处很有可能是那些经常“绊倒”他们的东西。是他们周围的成年人期望他们符合“正常”的标准，比如在一张卡片上只贴十张贴纸。后来，这位母亲开始用另一种方式来描述她：“她是一个非常有专注力的孩子。她很喜欢沉浸下来专心地做一件事。她喜欢掌握新事物，也渴望有一种秩序感。她还有一种真正的天赋，不仅仅是做预期中的事，而是要超越预期。”

小思考

描述孩子

想想用五个积极的词汇来描述你的孩子吧。比如：专注、认真等。

四、和孩子一起做公益

从长远角度来看，相对于孩子未来的学校、专业乃至工作等问题，“他们能够成为什么样的人”才是重中之重。作为父母，教育孩子成为有个性的人是我们的职责，我们不仅要让他们变得聪慧，还应引导他们树立正确的人生目标。而在此发展过程中，公益事业以及亲身实践是关键的组成部分。为一项事业而奋斗，无论它是多么微不足道的小事还是全球性的大事，都会将孩子们和他们周围的世界联系起来，从而促使他们进步。

不少父母没有参与公益工作或进行慈善捐款的习惯，可能是因为工作繁忙，也可能因为担心捐款用不到有需要的人身上。不过，为了子女健康成长，父母需要改变习惯。现如今有越来越多不同形式的公益活动及机构，总有一些项目及机构值得带领子女一起参与。显而易见的是，现在的大多数孩子都过着被父母保护的安逸生活，倘若我们没能意识到这一事实，往往会产生负面的效果，他们几乎不会关注到那些不够幸运的人，也无法意识到父母给予他们的领先优势所具有的宝贵价值。在公益活动方面，即使成人与小孩做的是同样的事，效果也会大相径庭。例如，为了保护绿化环境，父母带孩子到公园里去植树，并传递给孩子要保护环境的理念，这种做法虽然对父母没有太深刻的教育意义，但是对培养孩子的社会责任感却有重要且深远的影响。因此，父母应该常常带领孩子一起积极参与到社会公益活动中，用大手牵起小手，为社会做出自己力所能及的贡献。

让孩子们做善事有助于培养他们的思考能力，让他们获得帮助他人的经验。孩子们喜欢做贡献时所获得的成就感和精神回报。研究表明，做好事的孩子更快乐、更自信。当他们帮助他人时，他们会培养一种同理心和对他人的理解。例如，一群孩子想帮助一个无家可归的流浪汉，所以他们给他带了食物。那个流浪汉非常感谢孩子们的所作所为。对孩子来说，为社区和世界做出贡献很重要。他们可以通过捐赠、志愿服务或做好事来提供帮助。除此之外，让孩子们加入一项诸如社会公平问题的活动，也将迫使他们走出个人的舒适区，从而与外界的各种人群和社会接触，这是他们从未有过的体验，这种体验会击碎人与人之间由于缺少了解而筑起的社会屏障。

善行也可以帮助孩子专注于积极的方面。他们会因帮助到别人的生活而感到快乐，并且对自己的行为感到满足。孩子们可以通过多种方式为社会做出自己的一份贡献，例如捐赠书籍、捡拾垃圾、在社区花园为小鸟建造树屋等。当然，在孩子帮助别人、为社会奉献力量的时候，父母也不能越俎代庖、过于主动，应该给孩子适当的机会和时间，让孩子在实践中不断学习和成长。如果孩子想要做些帮助别人的事情时，我们应该多鼓励和支持，看他需要父母做些什么，努力帮助孩子实现自己的善行。但是如果孩子还没有做好准备，父母也不应该强迫孩子接受父母的想法和观念。孩子始终是自己行动的主角，只有被尊重的孩子，才真正能够以爱的心去面对社会上需要帮助的人。

无论从事何种工作，鼓励孩子们与不同背景的人建立起联系并努力理解他们的社会境况，将会更加轻松地扩展孩子对于世界的认知与理解。相信这个世界大部分人都是善良的，孩子的善心要好好呵护，让它最大化地发挥出能量。

五、倾听藏在孩子行为背后的信息

美国育儿作家艾尔菲·科恩编写的《无条件养育》给我留下了深刻印象，对其中一句话我感到十分赞同："孩子的行为只不过是其感觉、思想、需要和意愿的外在表达，简言之，重要的是实施行为的孩子本身，而不是行为……他们之所以这样做，而不是那样做，其中一定有许多不同的理由，其中有些理由会彼此紧密关联。但我们不能忽视这些理由，不能单纯地对其结果（即行为）做出反应。"

很多家长包括我同学的父母都会选择奖励和惩罚的教养方式，从小进行严格的行为管教，可能是因为这种方式也是传统意义上的"好家教"，让外人感觉家长在培养一个讲规矩、有教养的孩子。但实际生活中往往是管得越严孩子越"熊"，家长越是急着要教训孩子，孩子就会哭闹得越厉害。所以在我看来，倾听藏在孩子行为背后的信息尤为重要，但是往往父母很难做到，主要有以下原因：

首先，孩子3~4岁之前的语言发育还不够完善，表达不清楚自己的需求和想法，一着急就只能哭闹，而家长对孩子的哭闹没有耐心，根本没心情去研究孩子到底是为什么哭闹，而是觉得孩子在无理取闹。孩子的哭闹行为十分考验家长的耐心和观察力。其次，大多家长不愿专门学习儿童心理学的课程，自然无法理解孩子在某些年龄阶段的心智发展特征，那些千奇百怪的需求，还有他们的特殊表达。所以即便父母有耐心去理解孩子行为背后的声音，也往往是猜不出孩子行为背后的真实信息。再次，很多父母认为不立刻制止孩子的哭闹就是纵容和"不作为"，特别是当孩子的哭闹升级甚至做出不当行为的时候，父母根本无暇去观察和倾听孩子行为背后的信息。

威廉·西尔斯是美国一位很受欢迎的心理学家，并且由他编写的《亲密育儿全书》被很多家长和老师作为育儿参考。他的"四种需要"理论提供了一种有用的方法来理解为什么孩子会表现出他们的行为方式。西尔斯博士概述的四个类别是寻求关注、权利斗争、报复心理和自暴自弃的行为。

（1）寻求关注（你们快看看我呀）

（2）权利斗争（你越让我做什么，我越是不做）

（3）报复心理（你对我不好，我也对你不好）

（4）自暴自弃（反正我也不重要，没什么好努力的）

解决这四类“不良行为”的最佳方法是了解他们问题行为的根源并努力教孩子建设性行为。例如，患有注意力缺陷障碍的儿童通常无法静坐、集中注意力或专注于手头的任务。非独生子女家庭的孩子可能更难理解他们需要分享父母的爱。

每当孩子表现出让家长烦恼的方式时，都会有相应的隐藏信息，孩子只是不知道如何用语言表达。通过一些直觉和一点思考，父母可以找到孩子不良行为的根源，并支持他们解决问题。

▲ 隐藏信息1：“你不知道我是谁”

父母需要学习了解孩子的能量类型。知晓孩子的能量类型有助于父母更清楚地了解孩子的优先事项、优势和挑战。

喜欢玩乐的第1型孩子：聪明活泼，当他们因精力过多而感到窒息、孤立或羞愧时，这些孩子会表现出令人不安的行为。

敏感的第2型孩子：温柔而安静，这些孩子在抗拒忽视和被忽视的感觉时会表现出令人不安的行为。

坚定的第3型孩子：这些孩子积极且坚持不懈，当他们感觉到停滞不前、过度受限时，往往会做出一些行为。

严肃的第4型孩子：善于分析和专注，当他们觉得自己的权威不受尊重时，这些孩子会表现出令人不安的行为。

▲ 隐藏信息2：“我不知道怎么说或者我需要什么”

当感觉有些事情不对时，孩子们并不总是有生活经验去应对，或用词汇来解释。如果他们在学校感到被封闭、被同龄人拒绝或受到外界的压力，他们可能会通过一些父母难以理解的方式表现出来。

与其评判孩子的行为，不如观察他们并提出问题。例如，父母认为孩子结交了一些问题朋友，可以对孩子说：“这是我的看法，也许是不正确的，但我注意到这个人有这些倾向和价值观，我并不赞同。作为你的父母，我担心你会受到对你不健康的影响。你对这件事有什么感想？你怎么看？”

一旦你观察并提出要求，你能做到最好的事情就是保持安静并倾听。你的孩子可能会确切地告诉你下一步需要做什么。

▲ 隐藏信息3：“我感到被评判或羞辱”

如果孩子们感到被评判或羞辱，他们可能会以一种极端的方式表达自己，这看起来像是行为不端。

他们真正做的是试图努力减轻自己的痛苦，让自己的需求得到满足。如果你的孩子做出了你不同意的决定，那么无论孩子的行为如何，父母都要清楚地表明自己有多爱他。不要变得过于说教或评判，从而使孩子疏远自己。建立信任，继续爱他们，孩子会转向父母，但如果他们感觉不到你的爱意，那就需要更长的时间接受你。

▲ 隐藏信息4：“我觉得我没有发言权”

如果你的孩子抵制规则，他们实际上可能对规则没有异议。他们可能是在抵制随着年龄的增长，对自己的生活没有发言权的感觉。随着孩子年龄的增长，让他们更多地参与有关规则的对话。当他们需要界限的时候，不要只是禁止某些活动、事件或朋友。剥夺选择权不会带来成长、学习、治疗或理解，只会带来控制和抵制。相反，通过允许你的孩子对发生在他们身上的事情有发言权来创造信任。

▲ 隐藏信息5：“我在向你反映一些情况”

在父母能期望自己的孩子做出一些改变之前，首先需要考虑自己的部分。父母可以问问自己：“我是如何促成孩子发生这种情况的？我在这个经历中添加了什么能量模式？我的孩子是否反映了我自己童年时的一些故事，而我从未向孩子解释或治愈过这些故事。”父母可能潜意识地影响了自己的孩子，因此需要发现并治愈好自己，也有助于父母让孩子成为他们自己，而不需要父母的预设条件或干涉。

父母有时需要相信自己的直觉，观察和倾听——就会开始注意到孩子的不良行为中隐藏的信息。孩子们希望他们的生活能像他们的父母一样快乐和轻松，当他们得到父母的支持，使他们的生活与他们的真实本性相一致时，他们最好的自我往往会出现。更重要的是，孩子希望得到父母的爱，并理解他们的为人。除此之外，父母也需要在表达接受的方式上找到平衡，不应该变得过于专制而失去建立和维持规则的能力，但他们也需要表达自己的接受感，让孩子能够直观感受到。父母做到这一点的一种方法是言行一致，不仅要说出来，也要按照自己所说的去做。例如，如果你告诉孩子你很喜欢和他们一起进行讨论和沟通，那么就请不要在他们说话时玩手机，因为这种行为会向孩子传递出“你对他们讲话的内容并不真正感兴趣”的非语言信息。

有学者认为“人的本质需求是渴望被看见”。这世界上并没有所谓的“问题孩子”，有的只是不被看见的需求和感受。爱，不是让孩子成为父母希望的样子，而是接纳他们本来的样子。一位父亲在给他儿子的一封信中写道：“你不是我的希望，你是你自己的希望。你可以做一个全新的梦，但梦里不必有我。但是我爱你，仅此而已。”父母之所以成为父母，是为了见证一个生命的成长，在这个过程里，父母也获得了成长，学会了爱。

总而言之，在教育孩子的过程中，父母不要仅凭孩子的某些异常或不良行为，就给孩子贴上“胆小”“不听话”“撒谎精”“不爱学习”等负面标签，这只会让孩子越来越靠近标签所描述的样子。做一个细心的父母，好好拥抱那个需要被理解和帮助的孩子，多思考、学习，多和孩子沟通，关注他行为背后想要真正表达的想法。这样，才能培养出一个身心健康、乐观优秀的孩子。

第二章

留学生活篇

第一节　出国前做好充足的留学准备

留学意味着你要到一个陌生的国家去生活和学习，你要努力适应全新的生活环境和学习环境，你要想办法融入与过去截然不同的文化中，你要用一门非母语的语言与同学和老师交流……这些都需要充分的准备。那么在出国留学前，我们需要做好以下几个方面的准备工作：

一、我的留学准备经历

近年来，虽然中国的高等教育水平实现了跨越式提升，并仍在不断发展壮大，但是中国的留学生群体并没有因此减少，主要原因在于，学生希望通过到国外的优秀院校进行学习和进修，以提升自己的履历背景、获得更好的就业前景、提升语言技能、结识不同国家的优秀青年。不过大多数有出国留学计划的家长和学生对具体的留学准备和申请工作一知半解，所以不得不依赖于留学机构替自己做出规划和指导，这样的现象导致很多家庭在留学申请时走过不少“弯路”。同样，我在初次准备留学申请时也遇到过一些碰壁的经历，所以我希望通过分享自己的留学申请经历来作为借鉴和参考。

（一）“紧张忙碌”的本科留学申请

在我有了出国留学的想法之后，父母虽然支持但也表示他们对这方面并不是十分了解，所以无法给我提供很好的建议和指导。因此，在经过了一段时间的深思熟虑之后，我才真正下定决心选择出国留学，进行了脱产学习。和大多数家庭一样，我们并没有留学方面的相关经验，所以最终也是选择了留学机构进行语言培训。

现在回想起当时的语言学习经历，我依然感到非常紧张和忙碌。老师为我规划的课程是一周六天，每天两小时的正课时间加8小时的自习时间。但是不要小看每天仅仅两小时的正课学习，其中的学习任务和课业压力却非常繁重，不夸张地说，每天8小时的自习时间有时候都无法完成当日的全部任务。托福考试分为听说读写四个方面的测试，所以我们的课程也是将这四个部分分开来进行学习。这样的好处在于每个学科的课程都会更加具有针对性，用以提高学生特定方面的能力。

我的语言培训规划总的来说是不错的，但是在考试的时间安排上稍微有一点不恰当。过去一次托福考试结束后需要等21天才可以参加下一次考试，并且每次考试的出分时间也大致在3个星期左右，因此学校规划我等到出分就马上进行下一场考试，以获得多一次机会。除此之外，为了保证获得高分，留学老师希望我能掌握尽可能多的应试技巧而不是把时间花费在提升语言能力上，他们并非认为提升语言能力不好，而是认为这个过程太过缓慢耗时，在留学准备时应该更加高效，而应试教育正好能够很好地达成这一目标。因此，我学习了很多能够帮助我在考试中获取高分的“小技巧”，例如关键词定位、用逻辑排除选项等。这些技巧使我不再需要认真阅读完整篇文章，也能够快速地找到问题所指的内容并选出正确选项。但是这些帮助我在语言考试中获得高分的技巧并没有为我进入美国后的学习提供任何帮助。

在初到美国时，我就发现真实情境下的英语和我所学到的英语大相径庭。在阅读文献时，我必须从头到尾仔细研读每一句话、分析文章的结构和内容、体会作者想要表达的思想，但这些却是我在语言培训时并没有学习过的内容。即使我在托福阅读中获得了很高的分数，但我并没有学会真正的“英语阅读”。投机取巧的应试技巧在这时根本派不上任何用处。不仅在学习中，生活中也是同样如此。去超市或者餐厅时，工作人员并不会按照托福听力材料一样机械式地说着“标准口语”，我也不能够随身携带草稿纸将他们的话语都记录下来再进行回答。在平时和外国同学交流时，他们也并不会按照我们所学的“标准语法”来组织语言进行表述。我不得不重新静下心来学习这些独特的知识，如何在现实的学习和生活环境中使用英语。

这样的经历也让我再次对现在的留学培训机构进行审视，应试教育固然能够帮助学生快速获取到学校所要求的语言成绩，但是学校要求语言成绩的初衷是确保学生已经具备了进入大学学习的语言能力，而不是要一个冰冷的数字。如果并不具备与之匹配的能力，那么即使进入了国外的优秀院校，后续的学习也会非常吃力，甚至可能会出现无法通过考试、挂科、最终被退学的严重后果。因此，我认为准留学生应该好好珍惜这一重要时期，进行深度学习，为后来的留学生活做好充足的准备。凡事预则立，不预则废。

除了语言培训，选择学校和专业也是留学的另一个重要环节。在我出国时，商科类专业非常火爆，我也没有过多思考便追随了这个专业的潮流，选择了商业经济专业。但是问起身边同学为什么会选择经济专业时，他们大都解释说家里人对国外留学的情况并不了解，不知道该如何选择适合自己的专业，所以往往选择了看似更有就业前景和高薪收入的专业。这样的现象导致的后果是不少学生在入学后学习了一段时间才发现专业不适合自己，所以在留学生中转专业也是一件比较常见的事，不过这也十分耗费时间和精力。因此，在择校和选专业时一定要用心且谨慎，认真思考和搜集资料，做出自己不会后悔的选择。

（二）“顺利”的硕士留学准备期

在大四的上半学期，我就开始了研究生的申请准备工作。之前的留学申请经验让我在这次申请中目标更明确、过程更清晰。当我和父母商议决定好目标学校之后，我认真地查看了学校的招生政策、入学要求、既往录取学生案例等信息。令人欣喜的是在英语为母语的国家接受了英文授课并获得学位可以豁免对语言成绩的要求，因此我不需要再次准备语言考试，这也给了我充足的时间让我能够将重心放在提高绩点和学术背景上。合理的规划让我的硕士项目申请很成功，最终顺利去到了自己的“梦中情校”。由此可见，明确的目标、充分的准备、合理的规划对于我们做任何事情都起到了不可忽视的关键作用。

二、留学申请准备

第一步：了解留学政策。

当有了留学的想法后，那么第一时间就需要了解各个国家的留学政策。首先，要知晓自己目前在读学校留学方面的政策。现如今的学生出国留学主要集中在几个时期，高中、本科和研究生。对于高中就出国或者高中中途出国的学生，国外高中的学制和中国有所不同，有些国家要求读四年高中。比如说在国内的高二结束时前往美国高中就读，就会直接进入11年级，然后还需要再读一个12年级才能高中毕业。对于选择出国学习本科的学生，现在不少国外院校都开放接受中国的高考成绩作为申请材料的一部分。对于读研究生的学生，有些学校会额外规定所申请的专业需要有和专业相关的工作经验。然后，还得确定好想要留学的国家和心仪的学校，去学校官网上了解学校接纳留学生的政策，看自己是否符合要求，且有没有错过申请时间。

第二步：准备入学资格考试。

下定决心要出国留学后，最基础也最重要的一件事就是准备入学资格考试。考试一般要考两种，语言能力测试类的雅思或托福，以及学习能力测试类的入学测试。托福和雅思是目前使用度最广的两种基础语言水平测试，通常情况下，美国的学校更加偏爱托福成绩，而英国学校更加喜欢雅思。不过近年来这种情况有所好转，两种成绩的认可度相当，所以学生可以根据自己的能力水平选择适合自己的语言考试。入学测试又可以叫作定级考试，大多数学校的入学测试主要是针对英语和数学这两个科目。通过新生的英语和数学入学测试的成绩将他们划分为不同的类别，然后为学生提供更加适合他们的课程。例如，基础数学是通识必修课，但是如果有一名新生的数学成绩非常优秀，他对基础数学的掌握非常好的话，那么学校会认为让他重新学习基础的内容是一种不必要的时间和教育浪费，所以学校会豁免他的这门基础必修课。对于英语也是同样，如果学生的学术写作水平已经足够优秀，那么学校更希望他们将这部分时间和精力用来学习不会或者感兴趣的其他课程，而不是进行一些不必要的再次教育。但是反之，如果一个学生的入学成绩反映出他还不具备进入基础数学或者学术写作的能力时，学校也会为他安排一些更加基础的前序课程，等到他具备进入学校设置的必修课的能力时，他才能注册这些课程。除此之外，如果学生要申请的是研究生项目，那么学校可能会要求学生参加美国研究生入学考试（GRE）和美国企业管理研究生入学考试（GMAT），这两种考试更像是结合了语言水平和学术能力的综合考试，以确保学生具有能够进入更加复杂困难的高等教育的能力。

第三步：准备个人申请材料。

当语言考试成绩达标后，就需要准备个人申请资料，包括自己在国内的学习成绩单、个人简历、个人陈述、老师推荐信、参与的实践或科研项目资料、研究方向、学习计划、学习资金来源证明等。

第四步：准备面试。

出国留学还需要准备面试，不过并不是所有学校都会要求面试，所以这会根据个人所选择的学校和专业有所不同。当准备的资料通过申请后，申请学校的老师就会在线上进行远程视频面试，考察学习态度与学业水平。面试非常重要，这也是决定学生是否能被录取的最后一关，因此，留学生需要针对申请学校和专业的特点，做好充分的面试准备。面试的设置和学习阶段无关，有些高中学校也会对学生进行简短的面试。

第五步：准备各种签证资料。

出国都需要签证，留学签证更是要准备很多资料。比如护照、个人出生证明、毕业证和学位证原件（或在读证明）、录取学校通知书、存款证明、无犯罪记录证明、资助担保人证明、父母收入证明、个人纳税证明等。有全额奖学金的一般不需要提供存款证明，此外都需要提供个人经济相关的证明，因为学校要考虑学生是否能够承担得起留学的学费和生活费用。

当然，以上只是一个比较宏观的流程，每个人想去的地区，现在所处的进度，是什么背景，拥有什么资源都不一样，因此规划也会有所出入。留学生面临最多的问题就是信息掌握不全面，所以没有确定好清晰的目标和规划。

总而言之，学弟学妹一定要做到“早准备、早申请”，越早开始规划和准备，申请时才会越从容，同样也会越容易获得录取通知书。

三、出国前的准备

当我们已经收到了学校的录取通知后，其实出国留学的准备远远还没有结束，我们不能让自己长期沉浸在欣喜和愉悦中，而过早地放松出国留学的准备工作。出国前准备工作的重要性并不比留学申请时低，在某些方面这一时期的准备更为重要，因为充分的出国前准备能够让出国后的学习生活更加轻松。那么我们具体需要做哪些准备工作呢？

（一）语言准备

出国留学的必要条件就是语言能力，这对日常交流和学习有着很大的影响。如果留学前语言没学扎实，留学会有很多困难。例如老师授课时的语速会比语言考试时的听力考试语速快很多，而且不同地区的老师会有各种独特的口音和发音方式，并不像语言考试时听力音频那样发音标准和口齿清晰。

（二）学术准备

国内外的学习方式不尽相同，有留学想法的同学，应提高自己的自学能力，提前学习一些西方大学课程，毕竟语言成绩达标只能说明学生具备一定的英语能力，这还远远不够，因为它不代表学生在西方体系教学模式下能取得好成绩。所以，想要留学的学生应该具备良好的独立学习能力，以应对国外的教育模式与学习环境。

小故事

小明的留学准备

小明打算到美国丹佛大学留学，他在国内学习的是自动化，到国外学习的是机械电子。为了出国后能更快地融入学习环境、适应学习节奏，他提前半年学习全英文原版的相关书籍。当他来到美国高校之后，他与导师初次接触就立即赢得了对方的好感，在听课时也能轻松自如地应对复杂的专业词汇，在考试中也获得了相对优异的成绩。

由此可见，在出国前应该慎重选择自己未来要学习的专业，并提前了解课程内容。在国内学习英语的同时，加强对未来专业知识的学习，这样才能做到游刃有余、应对自如。

（三）文化准备

中西方文化存在差异，不同地域的文化可能迥然不同。中国学生留学也是接触、了解和融入国际社会文化的过程。出国前充分了解国外的社会、人文、历史、经济、民族、就业等方面的信息，会对留学生活提供极大的便捷和帮助。

外国人很欣赏毛笔书法、中国结、十字绣等中国传统文化。如果有这样的“手艺”，或者像电影里那样展现几招少林拳、太极拳、咏春拳等，不仅能够强身健体，更会因为独特的文化广受追捧。对中国文化多了解，多释放，有时候真的会让中国学生得到意想不到的惊喜。

除此之外，我们还需要了解国外不同民族的文化习俗，如果对当地的风俗习惯不够了解，很可能为自己带来不必要的麻烦。例如，印度用摇头表示“肯定”，用点头表示“否定”，这与我们过去的认知大相径庭。

（四）生活能力准备

现在自费出国留学的主力军大都是90后孩子，他们一般在国内过的是衣来伸手、饭来张口的优渥生活。而一旦出国，他们就要面临独立生活，独自面对生活的各种问题，比如修水管、换灯泡、安装桌椅等。生活能力的高低是决定留学生活质量高低的关键。所以出国前，应加强生活能力的锻炼和知识的培养，包括科学饮食、生活预算、疾病预防、简单家用电器的使用等。

小故事

疫情对独自生活能力的考验

小张在国内已经工作多年，因为想要提升自己的学历，所以选择去新加坡进修硕士。由于新冠疫情的突然暴发，新加坡的餐厅和学校食堂都关闭了，他不得不在家下厨，但这对于他来说是一件很具有挑战性的事情，因为多年来他几乎没有自己做过饭，唯一拥有的做饭经验就是泡方便面，他甚至不知道如何打开电饭煲的开关。

（五）未来职业准备

家长都希望孩子留学回国后能够找到一份满意的工作。孩子的未来职业发展，应该从产生留学计划的那一刻就开始规划。一方面，应客观分析孩子的性格和兴趣，选择孩子力所能及、能够完成学业的课程；另一方面，应培养孩子自己规划个人职业生涯的能力和意识，为未来就业做好准备。

（六）资金准备

资金是留学的基础保障，留学孩子的家庭应做好持续支付学生海外学习费用的准备，制定可能出现经济断层情况时的应对措施。留学费用多且要持续几年，如果不考虑资金储备，先让孩子走出去，一旦生活有变，孩子留学会面临很多困难。

（七）海外人际关系准备

出国前应该尽可能加入一些留学生团体，例如新生群或学生会。到达国外大学只是留学生涯的开始，需要有一个自己的社交圈和人际关系网。在国外求学期间肯定会遇到各种各样的问题，学生对父母一般是报喜不报忧。另外，海外留学生首先面对的是孤独，如果要解决这个问题，就要学会人际交往，有自己的海外朋友圈。这样，通过在国外的同学、朋友的指导帮助，不但可以更快地适应，也可以在学业和生活方面少走弯路。

小帖士

留学必备物品清单

证件类：

1.护照、身份证（复印件多备几份）。

2.高中毕业生需要携带高中毕业证、会考成绩单原件和公证认证件。本科毕业生需要携带大学毕业证、学位学历证、大学四年成绩单和公证认证件。

3.国内驾照（若有的话，建议提前换取国际驾照会更加方便）。

4.体检报告、检验检疫证明。

5.照片2寸、1寸，白底彩色近三个月内的照片，各20张，要求五官外露（出国后办理各种手续会用到，刚开始去国外不熟悉可以多备一些）。

文件类：

1.缴纳学费的收据（或汇款底单原件）。

2.通讯表格（接机联系人、学校联系人、应急联系人等号码）。

3.学校录取通知书原件。

资金类：

1.国内银行卡：比较建议携带带有维萨（VISA）标志的银行卡，虽然银联卡在国外部分地区也可以使用，但是如果去到的是一个较为偏远或者边郊地区，银联可能就没有办法使用了。有维萨的可以再在里面存一部分钱用于应急，到了那里再办当地卡。

2.现金：建议提前在中国银行换取一定数额的当地货币，因为机场换取非常贵，刚落地国外时可能银行卡不能使用，所以需要支付现金。

以上物品都是大家从飞机落地和刚到学校时急需的东西。现金、信用卡、手机、钱包、护照一定要随身携带，时时刻刻不离身；手机要确保充好电，住宿、接机人和紧急联系人的地址要抄两份分别收好。

生活必备：

1.药物：常用药、习惯用药可以带一些，如感冒药、止疼药、治疗腹泻和消化不良的药、抗过敏药、护嗓药、退烧药等（数量不要太多，以免海关抽查），不要带中草药；可根据个人情况带一些牙科方面的消炎药，因为在国外遇到牙科方面的疾病，医药费用会特别高。

2.用电：转换插头若干、充电线。

3.眼镜：在国外配眼镜，特别是隐形眼镜是特别麻烦的一件事，需要做验光和检查才能购买到相应度数的隐形眼镜。需要日常佩戴隐形眼镜的同学可以多备点隐形眼镜、护理液带过去，日常佩戴眼镜的同学也需要准备两副以上的眼镜带过去。

4.衣物：普通衣物、鞋子带上三天的量就行了，西装、礼服可以都不用带，到了那里你可以买到。内衣裤等贴身衣物可以多带一些，以防下雨天不干。

5.食品：在万能的中国超市基本什么都能买到，只是价格比国内稍贵，但在可以接受的范围之内。不要带植物和肉制品，很容易被海关检查、没收和惩处。

6.起居用品：如果落地的第一天有时间去超市的话，可以什么都不用带，洗发水、沐浴露、牙膏等洗漱用品，超市里的价格和国内价格差不多。

7.飞机托运：各个国家免费的行李重量通常在23~30kg，超出的重量会收取超重费。

*行李箱最好有独特的标识，颜色款式相近的较多，在拿行李的时候十分容易混淆。建议托运行李的时候绑行李牌（姓名、联系方式），尤其是要转机的同学，人到了行李还没到、暂时丢失行李的情况并不少见。

8.礼品：建议同学们可以带几份有中国特色的礼品，留着送当地的寄宿家庭、老师、室友、同学等，价格不需要太昂贵，有特色和心意是最重要的，可以考虑剪纸、丝巾、京剧脸谱或其他各种小挂件、小摆件等。

第二节　跨学科学习是留学中的重点

跨学科学习是在以大学起始的高等教育阶段一种重要的学习方式。通常学生们接触到的跨学科学习方式就是专业课和其他专业选修课，但其实在日常学习当中，主动地进行跨学科学习能够为学生提供更加广阔的视野和灵活的思维。

一、“跨学科”的起源和定义

美国哲学家菲利普·弗兰克在追溯“跨学科”一词的起源时发现，这个词最早在20世纪20年代美国的纽约出现，美国社会科学研究委员会曾经在会议中将其作为一种简写方式使用，主要旨在代表涉及其七个组成学会中的两个或更多的研究。随后，该词的第二个含义由《新国际思想词典》提出，并被弗兰克用来描述一些跨学科研究：“使用单一方法或实验在不同领域之间建立联系的行为或过程。”1985年，中国召开“交叉学科大会”，使得“交叉科学”和“交叉学科”在学术界广为传播，在此期间，“交叉学科”和“跨学科”二者没有明确区分。

直到20世纪后期，人们注意到“涉及两个或多个学科”的定义过于宽泛和模糊，以至于无法在多个有着同样表达意思的词语中被区分开。而中文直接字面翻译的表达也同样模糊了这些术语之间不同的定义特指。表1为同样持有“涉及两个或多个学科”意思的术语提供了一个更有组织的对比和解释，图1为表中术语提供了一个更便于理解的视觉解释。

表1　表达“涉及两个或多个学科”意思的术语

术语	相互性质	定义
Cross-disciplinary	跨学科：相互交叉	从一个学科的观点和角度看待另一个学科中的问题
Inter-disciplinary	跨学科：相互关联	整合两个或多个学科不同的知识和方法，使独立学科围绕共同单一的主题结合在一起
Trans-disciplinary	跨学科：相互依存 相互渗透	结合两个或多个学科以创造一个超越不同学科观点的统一的知识框架
Multi-disciplinary	多学科：相互交流 相互作用	来自不同学科背景的人使用各自所学学科的知识共同合作同一研究

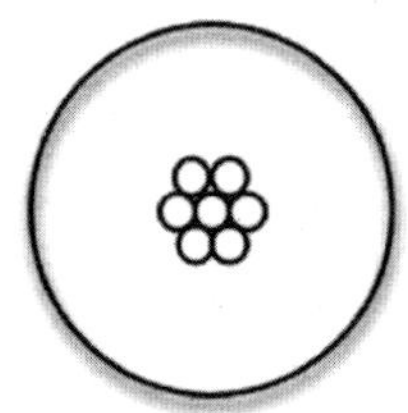

Cross-disciplinary

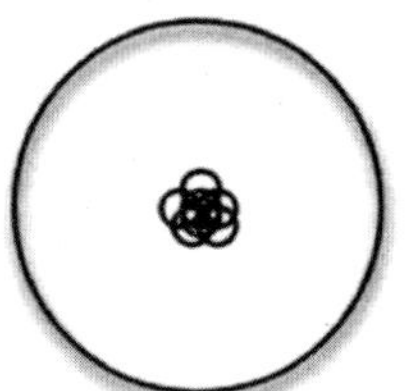

Inter-disciplinary

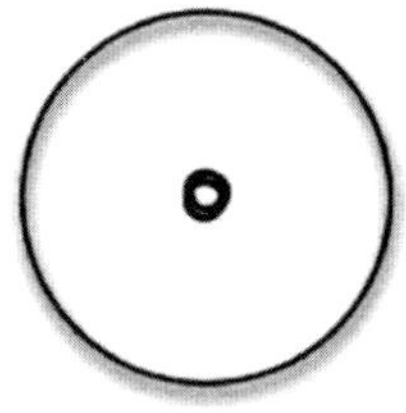

Trans-disciplinary

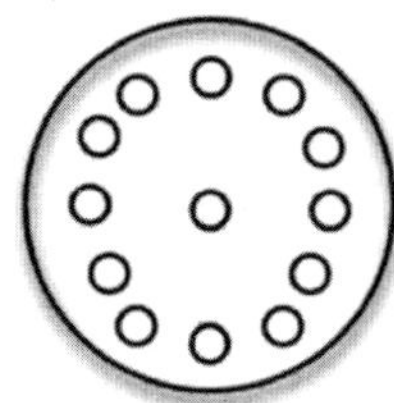

Multi-disciplinary

图1　“涉及两个或多个学科”术语的视觉解释

通过上述分析对比可得，现在常用的“跨学科”主要特指围绕一个共同的主题、问题或研究，将两个或多个独立学科结合起来的方法。然而，所涉及学科的相关性质更倾向于学科间的关联，而不是不同学科的融合。

二、跨学科教育与分科式教育

（一）为什么要进行跨学科学习

传统的分科教育是工业化时代的产物，社会分工随着工业化进程的不断提高而逐渐细分，每人只要掌握一门技术或精通一门学科，就足以在社会生存立足，成为经济发展的优秀“螺丝钉”。但互联网时代的到来俨然打破了这一现状，互联网和物联网将所有的人和物紧密连接在一起，形成庞大的相互交织的网络社会，数据成为社会发展的主导者，掌握数据就意味着拥有了未来。

在这个互联网时代，世界变得更加复杂，且不确定因素越来越多。仅凭传统的分科式教育愈发难以培养出互联网时代发展需要的领军人才，不利于学生对知识体系部分到整体的把握和理解。现代科学表明，人的大脑天生具备精细分析和综合功能，通过跨学科教育能够更好地开发这一重要潜能，学会如何将各个学科的“零碎知识”综合成一个整体，形成知识网络，让每一位学生看待问题的视角更加多元，遇到复杂问题时，能够按照具体需要提出创造性解决方案。

（二）跨学科教育的重要性

▲ 跨学科教育可以弥补分科教育的不足

现在绝大多数学校在科学课程中采用的是分科教学。每个学科课程大致是按照学科的知识体系构建内容，我认为这种分科教学有利于学科概念的学习，尤其是深入学习，可以提高效率，利于学生建立学科认知结构。同时，分科教学也有一些不足，容易出现知识与现实生活的脱节。分科教学在联系实际时，因受到学科的局限，往往是蜻蜓点水或只局限在某一方面，而不是真实情境的完整问题。真实完整的实际问题的解决，往往需要综合运用多学科内容，如果仅局限在学科教学，就难以解决实际问题。虽然跨学科教育无法取代分科教育，但两者结合起来，相互补充会更有优势，跨学科教学可以弥补分科教学的不足。

▲ 跨学科教育培养创新力

西方有一句谚语：“对于只有一把锤子的人来说，任何问题看起来都很像钉子。”这句话隐含的意思是，只掌握一门技术或一门学科的人，通常只会用同种思维或方法去解决不同的复杂问题。那么如何纠正这种“锤子”倾向所带来的问题？显而易见就是多带几件“工具”，掌握多种学科知识或技能，建立多元化的知识结构，才能在遇到不同复杂问题时，提出“方案1”或“方案2”，乃至“方案3”“方案4”。

英国科学家威廉·伊恩·比德穆尔·贝弗里奇曾阐述过这样一个观点：“在其他条件相同的情况下，我们积累的知识宝藏越丰富，面对复杂问题时产生重要设想的可能性就越大。此外，如果具有相关学科甚至边缘学科的广博学识，那么独创的见解就更有可能产生。”也有学者在对诺贝尔自然科学奖获得者知识背景的考察中发现，绝大多数诺贝尔自然科学奖获得者都拥有广泛的兴趣爱好、既专深又渊博的科学知识，具有多学科汇通交叉的知识和理论背景，跨学科知识是激发丰富的想象力、打破习惯性思维定式、取得原创性成果的重要因素之一。

小故事

跨学科模型构建碰撞出的思维火花

我在新加坡读研究生时，设计青少年手机成瘾干预方案，在前期确定理论基础时总觉得理论无法很好地贴合案例，生成的干预方案缺乏有力的理论模型支撑，从而使研究陷入瓶颈。一个偶然的机会，我和一位工科专业的同学谈及此事，意外地发现他所学专业的个人改变模型（ADKAR）和我原本采用的动机意志模型（RUBICON）可以进行结合，新生成的理论模型能够完美贴合干预方案，打破了困扰我许久的瓶颈，最终提交的干预方案也因此得到导师和小组同学的一致好评。

由此可见，把相邻或相关学科的理论与方法移植到本学科的研究中，能够碰撞出不同的思维火花，从而实现重大创新突破。

▲ 跨学科教育提升决策的正确率

人生的过程就是决策的集合，有研究表明，平均每个人每天至少要做出35000个选择。在工作生活中，我们时刻面临着简单甚至无法记住的选择和复杂的需要谨慎思考的决策。所以需要通过拓宽视角、升级维度来系统思考问题，最大化看清全貌，来提升决策的正确率。

小例子

股票的选择

股票的选择就是一个典型的复杂问题，其中涉及经济学、金融学、社会学、人类学、心理学、政治学等许多学科，所以不确定性更高，难以预测。面对这种复杂问题，就需要利用跨学科思维，从不同的视角去进行科学论证，平衡多方利益，权衡未来收益和即时收益，充分考虑不同决策结果的概率和不确定性，提高最终决策的正确率。

小拓展

跨学科教育视角多元化

美国麻省理工学院博士奥托·夏莫在《U型理论》一书中对复杂性进行了深入的阐述，他认为未来的社会充满了三种复杂性：动态复杂性、社会复杂性和新兴复杂性。

动态复杂性意味着在原因和结果之间存在空间或时间上的系统性距离或延迟。例如：气候变暖问题，人类排放的二氧化碳不能马上让气候变暖，会有一定的延时。

社会复杂性是众多利益相关者之间的不同利益和多元化世界观带来的产物。例如：关于气候变化和减少二氧化碳排放的《京都议定书》得到了大多数国际专家的赞同和支持。然而这份协议的用处还不能充分发挥，因为美国、印度和巴西这三个污染最为严重的国家还没有签署协议。这个例子清楚地说明了多元化的利益、世界观和价值观。社会复杂性越低，我们依靠专家来指导决策和制定政策的可能性越大。社会复杂性越高，采取多重利益相关者的方法解决实际问题并听取所有利益相关者的意见就显得愈发重要。

新兴复杂性是指问题的答案是未知的，问题陈述本身尚未展开，关键的利益人是谁尚不清楚。未来无法根据过去的趋势和轨迹预测，新兴复杂性程度越高，我们越无法依靠过去的经验。

（三）如何进行跨学科学习

▲ 学习重要学科的基本概念和思维模型

通常在大学阶段的专业学习至少需要3~4年，我们没有足够的时间和精力投入更多专业中。美国投资家查理·芒格认为，一个学科里面的重要概念和思维模型占领了整个学科80%的份额，所以我们只需要掌握学科的重要概念和模型即可，如果某个模型非常重要，我们可以再深入地研究下去。当然，我们也需要运用批判性思维学习法对整个学科的全貌进行了解。

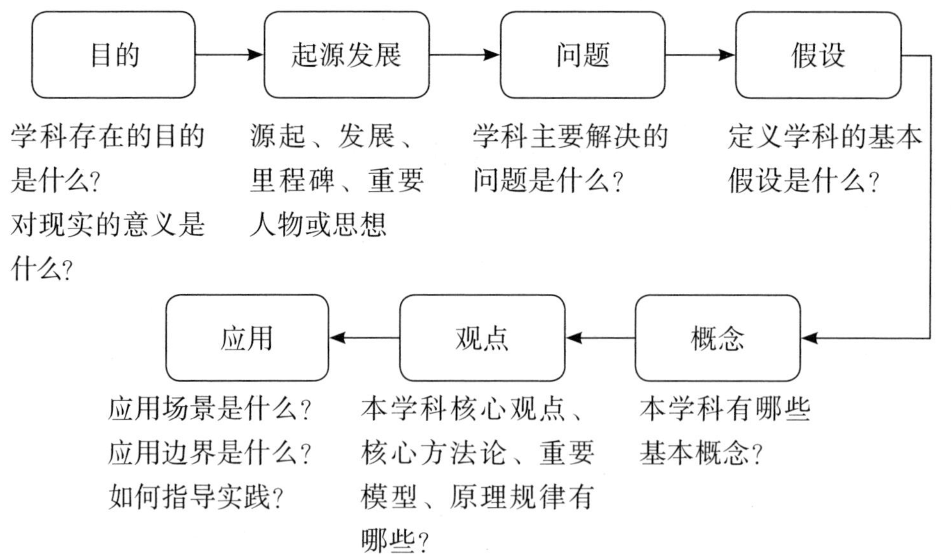

图2　运用批判性思维了解学科全貌的问题

▲ 联脑思辨学习

联脑思辨学习就是和不同学科的人进行讨论和思辨，是一种新时代的学习方式。美国社会批判家杰里米·里夫金在《第三次工业革命》中提出对未来教育的趋势走向，一个是扁平化分散式合作学习，另外一个则是跨学科学习。

里夫金认为当人们在一起讨论的时候，把他们的经历结合起来得到的结果要比一个人思考的结果更理想。特别是现在互联网拉近了每个人之间的距离，当不同文化背景的学生在虚拟世界里实时地参与同一个学术任务或项目时，学习就成为一种延伸至全球的横向体验，这种体验可以超越地理的限制，成为跨界创新的基石。

运用联脑思辨学习法能够让学习更高效。个体学习在资料搜集和书籍选择上，都有一定的局限性，对某些知识点的理解难免出现认知偏差，并且容易陷入被自我认知遮蔽的信息茧房。而联脑思辨学习法的应用能够有效地解决这一现象，可以用别人的光照亮自己，弥补自己的知识盲点，让自己离真理更近一步，而不是在一些错误的认知上越走越远。

如果只学习一门学科，而忽视对其他学科知识和技能的广泛涉猎，就意味着放弃了多维视角和新的可能。跨学科学习是一种意识，是一种为了适应信息时代的新型学习方式，是对世界的多维理解，是看清事物背后本质的基础前提。跨学科学习的本质是激活大脑的网络效应，多角度的知识会在大脑里形成知识网络，每一门学科中的思维模型都是一个节点，网络中的节点纵横交错，信息自由流通，能够对复杂问题进行多角度思考，全面深入理解事物背后的本质，进而提出创造性的解决方案。

三、早期教育中的跨学科教学

跨学科教学是一种教育教学方法，学生通过这种方法从各种不同的视角了解单个主题或问题。例如，如果学生以跨学科的方式学习心理学，那么他们可能会从生物学角度了解神经结构及其活动规律，从教育学角度了解认知和心智发展的阶段特征和表现形式，从社会学角度了解生态系统理论研究人体在外界环境中受到的多层次影响。研究证明跨学科教学可以提高学生的学习成果和学习热情，让学生能够批判性地思考、识别自己的偏见、接受更多未知领域。跨学科教学还使学生能够吸收来自不同学科的见解，综合围绕某个主题的信息，并最终提供对某个问题更完善的理解。

目前跨学科教学普遍存在的问题，就是大多将其应用于高等教育，而儿童早期教育方面的应用则往往被忽视。随着社会的发展，以及对教育原理和教育问题的追根溯源，专家们发现跨学科教育同样对儿童早期成长至关重要。观察幼儿如何参与学习的案例研究揭示了儿童的世界观不是对所学习内容的被动反思，而是一个主动的、动态的过程。

【案例一】小明的积木“大厦”

5岁的小明在客厅地毯上堆积木，他将积木一块一块地叠起来，叠得快和他的身高一样高了。当他伸手想把另一块积木放在最上面时，这个积木“大厦”因为太高而失去平衡倒了下来。小明停顿了一下，然后指着地上的积木困惑地问道：“为什么我的大厦会倒呢？”他的母亲回答道：“这是因为底层的积木块较小，但是上层的积木块却较大，所以这是一个颠倒过来的大厦。”小明陷入了深思，并自言自语：“所以大厦的底层积木应该比上层更大吗？”小明再次开始堆积木“大厦”。他首先比较了积木块的大小，然后按从大到小的顺序堆叠积木块来建造“大厦”。这一次的尝试让小明终于搭出了他心仪的“大厦”。这一过程中，小明通过搭建积木探索、解构和测试他的发现。

【案例二】观察自然物品

老师在户外准备了各种自然物品，例如树叶、花朵、石头、树枝等，还有水彩颜料、记号笔和带纸的剪贴板。5岁的果果选择用放大镜仔细地观察一朵花的细节，然后再画出她的观察结果。老师告诉果果："放大镜的原理是光的折射。"当果果试图用水彩画捕捉花朵的颜色时，发现教室里只有几种基础色彩的颜料，没有她观察到的紫色。甜甜告诉果果，她们可以把红色和蓝色的颜料混合用来制作出与花朵颜色相配的紫色颜料。老师表扬甜甜，说她对色彩的把握又进步了。这一过程中，果果和甜甜的解决问题能力和创新能力得到了提升。

上述案例还表明，儿童们对世界充满好奇心，渴望探索并影响周围世界，具备卓越的学习能力，他们是天生的"科学家和工程师"，但是需要成人的鼓励和引导，维持幼儿持续调查的兴趣和动力，不会因为一时的失败而放弃。对于儿童而言，跨学科"艺术+科学"式的体验教学让儿童在沟通、解决问题的过程中提升综合能力和思维灵活性。儿童如果在进入幼儿园前，就已经进行适度的基础性学习，如冒险探索、密切观察、形成假设、基于证据的分析和交流，那对于他们后续的学习和发展是非常有益的。学龄前儿童会以各种方式表现出这些技能，比如使用不同的工具或材料来研究户外学习空间中的自然物品；在积木中心的斜坡和路径上识别物体运动的基本规律；通过艺术材料来表达他们充满创造力的想法等。

1865年，美国第一所针对幼儿园和小学教师的专业教师的教育课程在哥伦比亚大学开设。学院汇集了来自心理学、教育学、历史和文学等各个学科的教育家和学者，他们共同编写了教科书，为这一新职业提供培训教学。在这一时期，幼儿教育还不是一门独立的学科。直至20世纪70年代，幼儿教育领域在美国才被公认为是一门独立且具有高度专业性的职业，幼儿教育也从那时才开始被真正视为一门具有自身要求、知识和技能的学科。随着早期儿童领域的快速发展，新的教学实践也正在不断开发中。

起初，美国著名教育学家约翰·杜威在他的理论中提出要让儿童参与"项目"，并且这些项目应该使用超过至少一个单一学科。他认为要实现儿童的个性发展，则一切教育教学活动必须符合儿童的心理发展水平和兴趣需要，因此用"跨学科课程"替代了"项目"这一说法，并大力倡导采用跨学科课程或侧重于连接多个学科的课程。在他看来，儿童能够通过这种方式追求自己的兴趣，并建立自己获取和应用知识的特定方法。而老师应该观察儿童的兴趣，起到引导作用，培养儿童解决问题的能力并使其得到创新思维的发展。在这种情况下，儿童的参与度、自主学习、创造力和认知结构都能够得到良好的培养。

四、留学交叉专业的选择

不少同学在完成大学学业后，对于研究生的选择陷入“专业怪圈”，一方面对于本科专业的不满促使他们希望研究生阶段能够进修另一门专业，这些不满主要来源于专业深度学习难度过高、专业就业前景不佳、专业社会认可度低等方面。但是他们又担心由于专业跨度过大，专业基础跟不上导致难以录取或者学习困难。因为国内的青少年生涯规划尚未成熟，所以这一“专业怪圈”成为现在普遍存在的现象。很多学生进入大学后即使发现了这一系列问题，但依然选择坚持完成原本专业的学习，对于这类学生而言研究生选择其他专业似乎就是最合理的安排了。

随着现代科学和技术的发展，很多领域内出现了单一学科知识无法解决的复杂问题，这对当下时代的经济、科学和技术的合作性有了更高的要求。而且由于很多传统专业的学术研究已经具备一定规模，想要取得更大的突破，难度也在增加。在这种情况下，交叉专业应运而生，这对不满足于单一学科学习的学生来说，提供了一种全新的可能。

（一）什么是交叉专业

交叉专业是指两个或多个不同专业之间交融的产物。比如生物化学、金融工程、生物统计、环境安全等。在未来的新兴学科中，交叉学科对原有项目的内涵进行深化、扩展和外延，日渐成为主流。

（二）交叉专业的优势

▲ 专业入口更宽泛

与传统学科相比较，交叉学科专业是多项学科的交叉与融合。所以，与传统专业对于学生的学科背景要求相比，交叉学科专业让学生的学科背景更为宽泛，这也在无形之中增加了学生的专业选择范畴，交叉学科在既可以满足学生本身意向的同时，又能最大程度地让学生利用之前学习的知识，使

"鱼和熊掌兼得"成为可能。

▲ 学生毕业后就业有优势

（1）跨学科学习将广泛的主题纳入课程，接受了此类课程学习的学生能够更好地了解和适应复杂多样的社会，从而能够进入不同的领域工作。而这些接受了交叉专业知识学习的学生能够拥有稀有的复合能力，包括在不同领域工作的能力和在未来从事更多种类工作的能力，这些能力为跨学科人才提供了更广泛的就业机会和工作行业，以及单一专业不具备的灵活性。

（2）跨学科复合型人才是一类具有高度创造力的专业人士，是创新所必需的人才，天生具有极高的不可替代性。主要原因在于他们可以不受传统界限的限制，能够将技能和知识从一个工作或行业转移到下一个工作或行业，具备多个领域中完成工作的能力。例如营销和金融、工程和设计、数学与计算机等专业。从公司的角度来看，跨学科复合型人才的技能组合相比单一型人才更加多样化，能够为公司提供更大的价值。从市场的角度来看，跨学科复合型人才的创新性能够弥合行业之间的差距，他们能够尝试创造出新的解决方案或探索新的市场，从而促进行业市场规模的提升。总之，跨学科复合型人才的众多优势使目前社会对于此类人才的需求量增大，是人才市场上的稀缺资源，因而学习交叉学科的学生在求职时往往具有更强的竞争力。

（3）以往如果想要在某个行业取得成功，则必须成为行业的领头人。但现在随着交叉学科的兴起，不少新兴行业也如雨后春笋一样冒出。相较于已经发展成熟的行业，在这些新兴行业中取得成功更加容易，拥有跨学科知识和技能的人才也更有可能成为新兴行业的领导者。跨学科人才不仅擅长自己的领域，而且知道如何将自己领域的知识和技能扩展到其他领域得以应用。

▲ 独特的学术优势

交叉学科包括自然学、社会学、人文学、数学和哲学等各大门类，是这些门类之间内外部交叉结合所形成的综合性、系统性新兴学科，因此有利于解决人类社会存在的重大科学问题和社会问题。尤其是社会发展中诸如人口、食物、能源、生态、环境、健康等方面的复杂问题，仅靠任何单一学科甚至一大门类科学都不能有效地解决，唯有通过交叉学科才最有可能得到解决方案。例如：脱氧核糖核酸（DNA）双螺旋结构不仅是20世纪生物学最重要的发现之一，更是最重要的三大科学发现之一，这一发现极大地推进了生物学科的发展。实际上，参加这项重大研究的不仅仅是生物领域的专家，也涉及物理、化学两个领域的专家。除此之外，学科交叉研究有利于产生新的知识生长点，进而推动学科发展。例如：华中科技大学通过新闻传播学与信息学科的大跨度交叉，开辟了网络新闻传播方向，发展了新闻与信息传播学科。

当今世界，科学技术日新月异，知识经济方兴未艾，知识总量呈几何级数增长，知识更新速度大大加快，近50年来人类社会所创造的知识比过去三千年的总和还要多，所以仅仅研究一个领域要想取得成功是远远不够的。我们需要具备能够帮助我们适应变化并从更广阔的角度看待世界的技能，一个没有跨学科研究的世界就是一个没有创造力、同理心和创新的世界，因此跨学科研究比以往任何时候都更加重要，这种重要性最终造就了交叉学科独特的学术优势，使交叉学科未来能有更广阔的发展空间。

第三节　我眼中的新加坡和美国教育

前文已经提到我是在美国攻读本科的，但是我在硕士申请的时候却没有考虑美国而是选择了新加坡。客观地来说，美国的学术水平在世界范围内也是较为顶尖的，身边也有很多同学决定做硕士项目时去美国看看不一样的学术文化。我当初选择新加坡的原因也很简单，除了首要的安全问题（新冠疫情的防控、种族游行、枪击案等）以外，我最为看重的就是学习体验，尤其是当我学习教育以后，我意识到想了解一个国家的教育就必须要走进这个国家。

一、经历过美国教育选择新加坡是否失误

初到新加坡的时候其实我是满怀期待的，毕竟我来到的是新加坡教育部直属的最高院校——国立教育学院，我觉得在这里自己肯定能够接受到新加坡最优秀的师范教育。经过一段时间的学习，我内心逐渐产生疑惑和迷茫的感觉。因为学校的课程安排、授课过程以及课后研究等方面，和我想象中新加坡顶级学府的印象有很大的差距，比如说，我的专业课包含了很多理论，

但是在课堂上教授也只是简单地介绍和解释这些理论，他们很少会谈及这些理论的实践或者教育中的实际应用。这让我感觉到学习内容非常“悬空”和“不接地气”。这些情况导致我产生了巨大的落差感，使我之后很长一段时间的学习进入了低迷状态。

后来，我很失落地和同伴展开了讨论，这时我开始怀疑到新加坡留学是否是一个正确的选择。我向同伴解释道，我的本科院校在美国教育界拥有很大的影响力，其教育专业受到全美社会的高度认可，为美国中小学幼儿园培养了非常优秀的校长和教师。学校的专业结构设置、课程内容设计、授课教师分配都十分合理，尤其是学校为我们提供大量的教学实践机会，这种理论与实践结合的教学安排让我对教育有了更深层次的理解。相反，新加坡的教育仅仅停留在理论层面，只是“纸上谈兵”，缺乏与实践的结合，这让我不免产生了消极心理。在当时的我看来，我的本科是在一个教育培养体系相对成熟、底蕴深厚的学校，而现在的学校相比之下在教育方面并没有独树一帜的地方，这让我觉得自己选择的是一条下坡路。

这时我的同伴问我：“你选择到新加坡学习的初衷是什么？”我不假思索地回答她：“我想要看到世界上不同的教育，特别是亚洲的。”“那你现在不就已经看到了吗？”同伴笑着回答我。

我不禁陷入沉思。如果我去到的是一个贫穷落后的国家，我可能会认为那里的教育和发达国家相比更是相差甚远。但是那些落后的国家，同样需要老师，需要教育。我来到这里的初衷不就是看看世界上不同的教育吗？所以我不应该比较这些教育，将它们分为所谓的“三六九等”，而应抱有一颗谦卑的心来理解教育的多元性，感受不同文化背景所带来的教育的独特魅力。我真正应该学习的是不同的国家培养教师的不同方式，而这些教师又会如何将所学的内容回报给社会。

二、新加坡与美国教育体系的差异

经过对新加坡教育的进一步了解之后，我发现新加坡的教育体系和美国的教育体系有很大的不同。这可能是个哲学道理，因为美国不是新加坡，而美国的教育也不是新加坡的教育。

（一）新加坡“鼓励竞争”VS美国“努力可以换来好成绩”

新加坡评定学生成绩的系统叫作钟形曲线绩效评估系统，它和正态分布有些类似。简单来说，这个系统会保证只有很少的一部分学生会得到“A”的成绩，并且这个数量会被严格地进行控制。假设一个课程有100名学生，其中有50人的分数高于90/100，那么获得“A”所需的分数将被推高至95/100，甚至98/100，具体取决于班上其他学生的表现。这也就是俗称的“水涨船高”。其中一门学科的教授告诉我们：“每个人的作业都非常优秀，我希望可以给每个同学‘A’，但是我不能。因为学校的成绩系统只允许我给2个人‘A’。”相反在美国，无论班上其他同学得分如何，“A”的成绩划分标准始终都是90/100，并且教授会严格按照评分标准给每个同学打分。假设班级有50名学生，所有学生得分都是90/100以上，那么所有学生都可以得到“A”的成绩。这样的设定不会让我感觉到必须要超越最好的同学才能获得好的成绩。美国的评分系统让我觉得学习就是我自己的事情，如果我很努力并且做得很好，那么就可以获得与付出相匹配的优异成绩。但是新加坡的评分系统让我觉得学习不仅仅是自己的事，这更像是一种竞争。如果每个人都很努力地学习并且表现优异，那么你必须比他们表现得更好才能拿到优异的成绩。这确实能够在一定程度上促使学生更加努力地学习，但是这也可能会产生负面影响，导致学生觉得他们的努力可能是在做无用功。

相比新加坡，美国的评分体系告诉我们，努力是有回报的。只要能够努力学习，达到了预设的标准，那么就会被认可为一名优秀的学生。自身的优秀不需要和他人进行对比。所以从我个人而言，我更倾向于美国的评分体系，它以非常直接的方式告诉学生努力可以换来好成绩，付出的每一分努力都是有回报的。而新加坡的评分体系则让人觉得，不论你多么努力，只要结果不如他人，那么你的努力就是无效的。“鼓励竞争”的评分体系会驱使学生不断“内卷”，这种非理性的“内部竞争”让学生变得更优秀的同时，也会显得更普通。

小拓展

新加坡人为什么怕输

新加坡——经济合作与发展组织（OECD）的一项研究发现，新加坡学生是全世界最害怕失败的人之一。

在联合国经合组织国际学生能力评估项目（PISA）测试中，新加坡有最高比例的学生（78%）同意或强烈同意这句话，“当我失败时，这让我怀疑我对未来的计划”；73%的新加坡学生担心他们可能没有足够的才能，另外有72%的新加坡学生表示，他们担心如果失败，别人会怎么看待他们。

这一调查结果主要源于新加坡的“怕输”文化，这种价值观已经渗入了新加坡人的骨髓中，甚至已经成为每个新加坡人的本能。但也有人认为，正是这种独特的价值观成就了新加坡，让新加坡这个成立不足60年，国土面积狭小，自然资源匮乏，人口结构复杂的岛国能够快速取得今天的成就。

其实“怕输”并非新加坡人的独有概念，只是在新加坡人身上“怕输”精神有着更为明显、更为普遍的体现，它不仅反映了新加坡民众都具备的一种强烈的危机意识，也体现了他们力争上游、自强不息的精神。正如法国的拿破仑所说：“森林中最强壮的橡树不是避开暴风雨和躲避阳光的那棵橡树，而是站在露天下的那棵橡树，它不得不为了生存而与风、雨和炙热的太阳做斗争。”这句话在许多新加坡人身上得到了充分的体现。

（二）美国评价体系——“基于标准的评分”

美国教育评价体系中有一种创新的教育评分标准——基于标准的评分（Standards-Based Grading），这种评分标准旨在促进学生进行更深入学习的同时对他们进行评估。与新加坡所采用的传统评分有所不同，基于标准的评分摒弃了简单使用一个最终分数来衡量学生学习和表现的评分方式，而是将一门课程分为多个小的学习目标，然后根据学生对特定学习目标和技能的掌握程度进行评分。学生会更专注于掌握和理解知识，也会变得更有动力去真正地理解学习材料，而不是总在担心“这项考试会被计入最后成绩吗”。相较于没有解释的模糊分数，这种评分产生的最终成绩也更加有意义，家长和老师都能够详细了解到学生在每个学习目标和标准上的表现，因为他们得到的最终成绩也会很好地反映出他们的学习情况。在整个学期中，学生在每个学习目标方面的学习情况都会被记录下来，以便老师随时按照学生对学习内容的掌握程度提供适当的反馈，调整教学以满足学生的需求。传统的评分和基于标准的评分所采用的评分量表也不相同。在传统的评分中，学生的成绩主要以百分比的形式用作业质量进行衡量。而在基于标准的评分中，美国教师会通过安排学生参与各种学术活动，把学生在所有活动中的表现作为考查学生对知识和技能掌握程度的评分依据。学术活动主要包含：

（1）出勤以及课堂参与度（Attendance和Participation）。

（2）课后作业（Assignment），即需要完成提交的作业。

（3）各种类型的考试。按照对期末成绩的评分比重由低到高排列分别为：随机测验（Pop Quiz）、小考（Quiz）、阶段考试（Test）、期中考试（Midterm Exam）、期末考试（Final Exam）。

（4）较大型的学习项目（Project），其中包括论文（Essay）、课堂汇报演讲（Presentation）、调查报告（Research Paper）、小组合作项目（Group Assignment）。

实际上，美国的教师会把这些因素作为评分指标，对学生的学期表现进行综合测评，但是每项指标的最终占比和评价标准并不相同。老师通常在开学的第一堂课给学生分发课程大纲（Syllabus），大纲会介绍本学期课程的具体教学内容、教学书籍、评分体系标准，以及具体每节课的教学内容、课后作业和考试时间等。学生可以根据老师的课程大纲合理安排自己的学习时间。

第三章

个人成长篇

第一节　意志力是成长的关键

在远古时期，人类通过获取食物达到生存目的，意志力主要表现在求生方面，人类与大自然的抗争。但是随着人类文明的发展，意志力开始逐渐显现，人们开始制定规则并去遵循。因为只有遵循这些规则，才能得到人们想要的东西，并在现代社会中生存。同时，也是因为这些规则，我们开始把自律变成了一种美德。在我年纪尚小时还是一个意志力较弱的孩子，当遇到困难或者压力的时候总想着要逃避或者是放弃。为此我甚至一度认为自己是一个承受不了高压的人。在我进入初三学习阶段，我的学习生活和成绩都处于低谷状态，来自家庭、学校各方面的压力，让我感觉无法呼吸，焦虑和质疑时刻折磨着我。我总在脑海里问自己：我能不能考上最好的高中？当学校组织中考动员会时，校长坚定的声音给了我极大的鼓舞："每个人的未来都是一条艰苦奋斗的成功之路，世界上没有超人，只有超人般的意志。"这句话在我的记忆中留下了深刻的烙印。自此，我明白了坚持就能胜利，学习意志力是人生的重要武器。以至于在后来的学习经历中，不论是准备出国留学还是申请硕士研究生，只要是自己制订的目标和计划，不论多难都会全力坚持。也许现在的我还远远达不到超人般的意志，但我依然会努力提升自己的意志力，向着自己的每个目标坚定地走下去。

一、为什么要培养意志力

学习意志力是指个体为完成学习任务而持续地克服困难的能力，通常以学习者每次学习活动所持续的时间长短为标志。其中意志即是指人们自觉地克服困难，实现预定目标的心理过程。作为引导和促进孩子学习、成长的一种内驱力，它对孩子智力与能力的发展起着动力和定向的作用。

小故事

捡篮球的故事

我在美国读本科的时候认识一位男同学，他告诉我他从小非常喜欢篮球，在他小学刚入学的时候就想加入学校篮球队，可是由于他的部分条件不满足要求，没能顺利加入篮球队。但是他依然对篮球充满热爱，于是每次篮球队训练和参加比赛的时候，只要有时间他都会参加，为球员喝彩和帮助捡球。但事实上并没有人要求他必须这样做。带着这种执着的劲头，坚持了三个月，终于感动了教练，教练给了他额外参加选拔的机会，而他也成功地把握住机会，加入了校篮球队二队并担任队长。他带领着校队在市里大大小小的篮球比赛中斩获了傲人的成绩。后来他们在区级篮球锦标赛中获得了小学男子组冠军，并因此获得学校推荐优秀中学的机会。

很多事情并不是一开始就能看到结果，大多需要在结果未知的情况下，坚持不懈地努力朝目标前进，也许你并不知道距离成功还有多远，你的方向是否完全正确，你当前的每一分努力是否有意义，但请坚信，努力不一定成功，但放弃一定失败。做任何事都是如此，如果只是走马观花，或者浅尝辄止，或者知足常乐，从来都不去思考如何做到最好，突破原有的思维惯性，这样的人很难成功。

小故事

棉花糖实验

在斯坦福大学内的一家幼儿园中，曾经做过这样一个实验。实验人员把很多孩子放在一个房间里面，然后在孩子面前的桌面分别摆上棉花糖，要求孩子忍住不吃。如果忍住的时间够长，会给他们更多的棉花糖，然后看那些孩子能忍耐多长时间。而结果是：有的孩子直接就开吃；有的孩子是先观察大人的态度后才吃；只有很少的孩子能够忍到15分钟后才吃。最后实验人员进入房间，给忍耐时间超过15分钟的孩子又发了棉花糖作为奖励，并记录下了所有孩子的表现。

最有意思的是，因为他们是斯坦福大学幼儿园的孩子，所以这些孩子基本上都在同一个环境当中长大，科研人员也就有机会跟踪研究这些参与实验的孩子。经过30年的跟踪研究，他们发现，凡是那些能够忍受超过15分钟的孩子，比那些没有这种意志力的孩子美国高考（SAT）成绩平均高20分。紧接着步入社会走向工作岗位后，他们的工资相对较高、体重更为健康、事业多数成功。

所以“棉花糖实验”揭示了一个道理，就是我们每个人的意志力，和我们的事业成功、个人发展有着高度的内在联系。由于这项著名的研究结果，人们也开始更加注重增强意志力。现在可以明确地说，意志力控制着我们的很多行为，所以意志力是实现目标和达成目标的关键，拥有足够意志力的人才能把“我想要”变成“我会要”“我能要”。

二、提高意志力的关键要素

现实是大多数人的意志力仍然很薄弱。其中一些主要原因在于:

情绪——影响动力水平。

身体状况——比如睡眠情况、体力情况等。

以前的失败——在脑海中重复失败经历会扼杀意志力。

由此可见，即使有强大的意志力也会有其局限性。每天因为各种情况会下意识地去动用意志力。比如，如果想要拒绝吃一块美味的巧克力蛋糕，那么就不得不动用意志力去抵抗诱惑。意志力就像是肌肉一样，如果过度使用它，就会感到非常疲倦。换句话说，意志力也是一种有限的资源。一旦意识到这一点，那么接下来要知道的关键就是：必须遵循一个系统来强化意志力，从而更好地实现目标和梦想。这里提到的系统是指在头脑和环境中创造正确条件，来帮助我们更加科学地使用意志力这一宝贵资源。以下这些是建立成功系统的基本要素：

（一）积极主动

人类的本质是主动而非被动的，虽然每个人难免会有消极被动的时期，或者陷入人生的低谷，但只要你能够采取积极主动的方式来应对，把意志力应用于积极向上的目标，将会产生一种巨大的力量，推动自己创造出有利发展的环境，甚至能够逆转人生的困境，创造奇迹。

小故事

尼克·胡哲的“奇迹”人生

“即使是我生命中最糟糕的事情，对于别人依然有着非凡的意义。”

出生于澳大利亚墨尔本的尼克·胡哲，天生缺失双腿和双手的他仅有左侧臀部下面带着两个小脚趾的一只“脚”，这种先天缺陷不仅没有击垮他的意志，反而始终抱有积极向上的精神，通过长期痛苦的训练，把仅有的畸形小“脚”变成自己的好帮手。尼克不仅可以依靠它来保持平衡，甚至能够用它完成许多超高难度动作，比如打字（每分钟43音节）、用小“脚”夹着笔来写字、打高尔夫球（看射击的方向然后在击球时，用下巴和左肩夹紧特制球杆，然后击打成功）、冲浪时在冲浪板上360度旋转（尼克完成这一首创动作的旋转照片甚至被选为《冲浪》杂志封面）、骑马、潜水、踢足球等。除了这些奇迹般的表现，尼克还取得了许多健全人都难以达到的成就，在学业方面拥有两个大学学位；在事业方面是两个国际公益组织总裁，同时也创办了自己的演讲公司；在家庭方面有美丽的妻子和四个乖巧的孩子；在学术成就方面出版了《生命更大的目标》《人生不设限》《永不止步》《爱情不设限》等书籍。总之，尼克通过积极的努力，把自己从悲剧中拯救出来，并收获了完美的人生逆转，使自己活成了“奇迹”。

尼克积极主动的意志力并非与生俱来的，他也有过痛苦迷茫的时期，10岁时甚至想要在浴缸中溺水轻生。直至他13岁，无意间在报纸上看到一位身残志坚的残疾人努力帮助他人的励志经历，主人公一句“上帝把我们生成这样，就是为了给别人希望”仿佛瞬间照亮了尼克黑暗的人生，为他指引了前进的方向。自此他重拾生活的勇气，竞争大学学生会主席、学习各种技能、追求爱情、发掘演讲才能、终生致力于公益事业。他的事迹不仅治愈了世界上无数和他一样的残疾人，更是激励了无数陷入人生低谷中的普通人，使他们走出阴霾。泰戈尔曾在诗句中说：“世界以痛吻我，我却报之以歌。”这句话无疑是尼克“奇迹”人生的最好注解。

当我在网上第一次观看尼克·胡哲的演讲时，我忽然想起一句话：“当你还在抱怨没有鞋的时候，却没有想到，还有人没有脚。”在此之前，我一直认为自己是能够理解这句话的，但是当我阅读到尼克的经历，一个活生生甚至更为悲惨的例子就这样摆在我的面前时，才发觉自己原本的理解是那么空洞、浅显，尼克这个生命战士的“奇迹”人生，深深地感染了我，让我意识到什么是真正的顽强意志力，什么是真正积极主动的人生态度，什么是永不放弃的强大精神。

（二）坚定信念

在我看来，一个人要想成功，理想、信念、意志三者缺一不可，它们是不可分割的。在我以往的人生经历中，听到最多的就是关于理想，因为父母、老师、朋友甚至身边的每一个人都会说人必须要有理想、有追求。但是当每个人度过自己的一生，大部分人的理想还停留在口头上，说明他们缺乏信念和意志力；少部分的人的理想被遗留在前进的道路上，说明他们信念感低和意志力薄弱；仅有极少的人理想得以实现，这样的人才是拥有坚定信念与顽强意志力的人。

小故事

肖申克的救赎

《肖申克的救赎》是一部经典的影片，影片讲述了银行家安迪被诬陷成杀害妻子和情夫的凶手，因此含冤进入肖申克监狱。如果说他人生前半段拥有光明的幸福生活，是含着金汤匙长大的人，那么进入监狱后的安迪，无疑就是陷入黑暗绝望的人生低谷中。在狱中，安迪要面对的不仅是社会精英到囚犯的巨大落差，还经历了被黑帮囚犯侵犯、被其他狱友打至重伤、被狱警关禁闭等种种折磨，但这些并没有让安迪丧失希望，随波逐流地接受所谓的制度改造成为体制化的一员，苦难反而更加坚定了安迪的信念，高墙可以暂时禁锢他躯体的自由，但是却无法磨灭他的希望和对自由的向往。

为了实现自由，安迪从狱友瑞德那里买到了一把小小的石制鸦嘴锄，每天回到狱室挖一把石土装进裤兜中，第二天在监狱安排的放风时间扔到操场上，就这样日复一日坚持从不中断。这个过程一直持续了整整二十年，漫长的过程中安迪始终丝毫没有怀疑和动摇自己的信念，通过顽强的意志力最终挖开了通往自由的通道，在一个雷雨交加的夜晚，爬出了那条足有五个足球场长度、狭小而脏臭无比的下水道。如瑞德所说：“安迪·德福瑞恩，爬过灌满污物的下水道，从另一端清白地走出来。”从此重获新生。

“一把鸦嘴锄，二十年如一日，通向自由之路。”没有人能够真正想象得到，一把小小的鸦嘴锄，可以挖通几百米的监狱之墙，更加难以想象为了冲破自由藩篱二十年如一日地坚持究竟应抱有怎样坚定的信念。愚公移山和精卫填海的精神固然令人感动，但是安迪这个更贴近真实的人物形象，才让我感受到心灵的震撼。

人们常常会高估短期的改变，而忽视长期坚持所能带来的成就。走向卓越的前提，是拥有专注的目标，秉持坚定的信念围绕目标付出长久的努力。只要目标切实可行，并非“假大空”，哪怕一眼看不到终点，也能够在长久的坚持下一步一步地迈向成功。

（三）目标明确

目标不是都能达到的，但它可以作为瞄准点。假设我们需要寻找一只猫，但是只说：“目标在学校西南方向。”那么恐怕很难快速找到。但是如果说：“目标在学校西南方向9号宿舍楼门口的花坛上。”那么就可以直接在特定的地点快速找到这只猫。所以，在制定目标时要足够明确，永远不要用空洞的话语，当有具体、明确目标的时候，会更容易坚持下来，想要做的事情也会得到更好的结果。

小故事

卡尔·海因里希·马克思与共产主义

世界无产阶级的伟大导师马克思一生没有光鲜的职业，但却成就了一番伟大的事业。如果一个人在发达的时候兼济天下，那他可以是一个善人，可如果一个人在穷困潦倒的时候依然坚持兼济天下，那他无异于圣人。马克思就是这样特别的人。当时普鲁士政府曾多次以金钱和地位来拉拢马克思为政府效力，但是都被马克思强硬拒绝。其实马克思完全可以依靠自己的才华过上锦衣玉食、加官晋爵的生活，但马克思宁可穷困潦倒也绝不向权贵低头放弃心中的革命事业。

现实的确是残酷的，1845年12月，普鲁士政府剥夺了马克思的国籍。从那一刻开始，马克思开始了长达三十八年没有国籍的生活。在他的信里是这样描述自己的生活：“一个星期以来，我已达到非常痛苦的地步”“因为外衣进了当铺，我不能再出门”“八到十天以来，家里吃的是面包和土豆，今天是否能够弄到这些，还成问题”。在这种环境里，马克思的身体状态同样也是非常糟糕，肺结核和肝病让他痛不欲生，和妻子的七个孩子因为条件的恶劣先后夭折了四个。生活中身体和精神的折磨让他一次次走到绝境，马克思所经历的每一件事都足以成为压垮他的最后一根稻草，但是马克思并没有因此放弃自己的革命理想。

在这种艰苦卓绝的环境里，马克思还是坚持为穷人说话，为人民战斗，为革命事业奋斗，绝不会因为自己的生活窘困而停止，这是何等的意志力体现。从马克思的生命轨迹中，我们能看得出来他是一个拥有明确目标和强大意志力的人。他所面对的并不是我们“纸上谈兵”的故事，而是血与肉的斗争，尽管生活在不断侵蚀他的肉体和精神，但他的意志带领着所有无产者走向新的光明。

俄国思想家、哲学家列夫·托尔斯泰曾说过：“要有生活目标，一辈子的目标，一段时期的目标，一个阶段的目标，一年的目标，一个月的目标，一个星期的目标，一天的目标，一个小时的目标，一分钟的目标。”想要达到坚毅意志力的状态，首要条件就是需要找到准确的人生目标。所谓人生目标，也并不是一定要像马克思一样有伟人般宏伟远大的目标，而是指具体的人生观、价值观这些会影响理性思辨的因素。人们往往提出很多疑问，富有与贫困有何差异？为与不为结果有何不同？为何有些人能冲出凶险的逆境，高奏人生凯歌？为何有些人，虽环境优越、才华不缺，人生却变成一场灾难？为何有人能把考验化为助力，使其前进，有人却通不过这个考验，以致困顿终生？其核心本质全在是否有明确目标和强大意志力。其实，成功者的问题并不比失败者少，要想没有问题，只能是躺在坟墓堆里。失败与成功不在于先天环境，而在于我们拥有多么强大的意志力。

（四）精神力量

如果不够坚强，那么就要建立精神力量。在感到害怕、恐惧、懒惰时，真正能够让我们继续前进的是精神的力量。精神力量并不意味着永远不会哭泣、抱怨或怀疑，而是让我们能够在关键时刻保持专注以及在面临挑战和压力时持续发挥作用。这种强大的力量能够帮助我们抵消试图削弱我们自信和幸福的负面影响，远离干扰和消极的“沼泽”，坚持不懈，从挫折中恢复。

小故事

纳什的“美丽心灵”

约翰·纳什，第七十四届奥斯卡获奖影片《美丽心灵》的主人公和诺贝尔经济学奖得主，被称为全世界最传奇的幽灵数学家。1950年，被誉为“小高斯”的数学天才纳什在普林斯顿大学获得了博士学位，并开启了走向学术巅峰的道路。他在博弈论方面的卓越成果和在数学领域的杰出表现使他被评为新一代天才数学家中最杰出的人物。不幸的是，在纳什30岁时，他突然出现了许多奇怪的行为。他总是担心自己的数学创造力和想象力会被人摧毁；他梦想着建立一个世界政府；他认为《纽约时报》上的每一封信都隐含着一个只有他才能理解的神秘含义；他认为世界上的一切事物都可以用数学公式来表达；他和幻想出来的三个人格互相沟通……他最终被诊断为严重的精神分裂。

在他与精神状况持续斗争期间，糟糕的精神状态使他几乎无法创作出有意义的研究成果。经受了30年毁灭性的精神疾病困扰后，常规的药物和痛苦的精神治疗并没有将纳什从深渊拯救回来。反而是他依靠自身难以想象的强大意志力，将不存在的三种人格从自己的精神世界里剥离开，奇迹般地从疯狂中清醒过来。在经历了无数的痛苦日子之后，纳什的“美丽心灵”终于从他的“梦”中醒来。纳什的经历完美地诠释了决心和意志力的概念，正如他与精神分裂症的持续斗争和他不断创新学习的动力所证明的那样。由于他无私地运用智慧为学术界做出贡献，以及他既要塑造知识社会又要在精神和肉体的困难中坚持不断地抗争，纳什真正体现了意志力的本质。

纳什的故事激励了我——只要有强大的意志力和顽强的精神，那么这个人就是无所不能的。他教会了我如何从不同的角度看待问题，并在艰难中勇于抵抗，这种观念赋予我强大的精神能量。

当我们朝着自己的目标努力时，精神力量可以减少我们对失败的恐惧。当经历失落或面临其他挑战时，精神力量能够提供帮助，让我们渡过难关。精神力量和意志力能够随着时间的推移而增强，但关键是要制定科学的应对策略、练习自我关爱并培养富有同情心的内心对话。我们还可以通过回顾所经历过的艰难时期，来建立我们的情绪弹性，重要的是要肯定和承认能够通过挑战。勇于挑战困难能够激发我们的意志力、强化我们的精神力量。

（五）磨炼意志

1915年，美国心理学家博伊德·巴雷特提出了一套锻炼意志的方法。其中包括从椅子上起身和坐下30次，把一盒火柴全部倒出来然后一根一根地装回盒子里。他认为，这些练习可以增强意志力，以便日后去面对更严重更困难的挑战。现在看来巴雷特的具体建议似乎只是通过无休止重复做无意义的事情，来达到磨炼意志的目的，但他的思路却给人以启发，我们可以通过大量枯燥但是有意义的练习，磨炼自己的意志力。正如著名美国篮球职业运动员科比·布莱恩特最让人印象深刻的一句反问：“你见过凌晨四点的洛杉矶吗？”在这句话的背后，我们看不到的是他长期坚持重复每天早上四点起床练球，投进1000颗球才能结束。这种有意义的重复是他五次拿到美国篮球职业联赛总冠军的重要原因。

小故事

达·芬奇画蛋

在中国长大的孩子可能或多或少都听说过或者学习过“达·芬奇画鸡蛋”的故事，在我小学三年级时，就在课本中学到了这个故事，故事内容是为了让学生从中体会到达·芬奇的意志力并向他学习。相传，达·芬奇在很小的时候就展露了绘画的天赋，因此他的父亲带他去拜了一位著名画家为师。这位老师教达·芬奇的第一节课就是画鸡蛋。一开始，达·芬奇信心满满，他认为凭借自己的天赋这只是很轻松的小任务，事实也是如此。但是老师却没有对达·芬奇画出的鸡蛋表示满意和赞赏，反而是在三个月内每节课都要求达·芬奇画鸡蛋。达·芬奇自认为自己画鸡蛋的技术已经炉火纯青了，他开始厌倦这项重复的、枯燥的、没有意义的任务，他不理解地问老师：“我已经能够画出非常真实的鸡蛋了，为什么却还要继续学画鸡蛋？”他的老师这才解释道：“重复才是获得完美的关键。画鸡蛋很简单，但世界上没有两个一模一样的鸡蛋。即使是同一个鸡蛋，视角不同，光线不同，看到的鸡蛋也不同。一定要仔细观察，学会从不同的角度去画，才能把鸡蛋画好。”达·芬奇听了老师的话，深受启发。然后他重新投入了画鸡蛋的生活中，他每天不论做什么都拿着一颗鸡蛋，仔细观察，然后再画下来。达·芬奇就这样坚持了三年时间，这三年里的每一天他都在认真地画着鸡蛋，而这三年间他所画出的数百个鸡蛋也让他的绘画水平迅速提高，成为了世界上最有影响力的艺术家之一。

最有趣的是，这个故事实际上只是一个虚构的教育故事，在翻遍了达·芬奇的传记和笔记后，人们没有找到有关这个故事的任何描述。那么我们为什么还要学习这个故事呢？是因为这个故事想要真正展现的并不是达·芬奇到底是如何学习画画的，而是达·芬奇坚持三年时间反复练习画蛋时所展现出的意志力，这才是真正值得我们学习的。达·芬奇认为一个人成功的高度是由他的意志力来决定的。我认为在意志力方面，过程不允许有任何变化。我们的身体是我们的花园，我们的意志力是花园的园丁，如果能够通过不断的重复来改变自己或者是扭曲自己，并使这个折磨的过程成为意志力的一部分，那么我们才能成为“伟大的成就者”。正如印度励志作家鲁普林所说的：“世界上最伟大的成就者是那些始终专注于自己的目标并始终如一地努力的人。”

回想起我自己的经历，我在学习英语的时候就受到李阳疯狂英语的影响，“经过千百次的重复训练所形成的记忆叫作‘肌肉记忆’”。这不就是重复的磨炼英语、磨炼自己意志的一个痛苦过程吗？一旦我们产生了一个简单而坚定的想法，只要能够不停地重复它，终会使这个想法成为现实。意志力强大的人可以提炼、坚持、重复，而对于意志力相对薄弱的人来说，小步骤也能带来巨大的变化。不论多高的山峰都是用小台阶攀登，而且是到达顶峰的唯一途径。当我们克服小障碍然后重复它时，就会产生累积的积极情绪。这就是让我们开始热爱我们所做事情的原因，并且激励我们重复这些步骤。成功是来自重复、重复、再重复，不停地重复直到建立起一种习惯，不再单纯是一种努力。

（六）创设环境

俗话说“有志者事竟成”，这句话的含义是与困难做斗争并且将其克服。研究者在对想要戒网瘾但未能成功坚持的人进行研究时发现，他们原本并没有认真考虑如何去应对网络游戏的诱惑。所以尽管鼓起力量去试图戒掉游戏，但始终不能坚持到底，一旦朋友邀请他们参与游戏时，便立刻拿出电脑加入游戏。但是如果他已经提前卸载了电脑里的游戏，可能就更容易抵抗住诱惑，也有正面理由拒绝朋友的邀请。所以制造一个专注的环境，有助于坚持目标，抵抗诱惑。总之，如果善于利用环境的力量，就能更轻松地凝聚意志力达成自己的目标。

之前看过一个著名的钟摆实验，48个节拍器钟摆本来在杂乱无章地摆动，而仅仅用了很短的时间，48个钟摆就形成了完全相同的摆动节奏。由此可见，环境能够造成的同化作用有多么可怕，每个人生活的环境都在无形之中产生同化和影响。

总之，每个人所处的环境会触发以及塑造他们的行为。因此想要改变自己，首先要改变环境。只要对环境做出一些简单的改变，加强积极的提示，铲除消极的提示，就有可能带来不同的心态以及生活模式。

小拓展

意志力常见的小误区

误区一：自我谴责

拖延和逃避是每个人在面临困难和挑战时都可能会做的事，面对这种情况很多人会进行自我谴责，但过度的自我谴责却是没有任何意义的，自我谴责过后人们可能还是会再次拖延和逃避，这会严重损害坚持的自信心。

误区二：为明天赊账

“我今天再抽一根烟，明天不抽了。”

“我今天偷一会儿懒，这些事明天再做。”

“今天太累了，需要休息，明天再健身吧。”

“今天我不学习了，明天我再把学习进度补回来。”

这种“明日复明日”的做法非常不可取，因为我们很有可能到了“明天”以后还会继续赊账，这个时候，自我谴责也会更加强烈，从而让我们进入一个恶性循环，产生自己意志力非常薄弱的想法。

小拓展

詹姆斯·普罗查斯卡的行为转变理论模型

美国心理学家詹姆斯·普罗查斯卡在他的行为转变理论模型中，把实现某种转变分为五个阶段：

前期思考——尚未承认有问题的行为需要改变；

沉思——承认有问题，但还没有准备好，不知道要不要改变，或者缺乏信心去做出改变；

准备——下定决心要改变，但还未采取具体行动；

行动——采取行动进行改变；

维持——维持并持续巩固改变后的成果。

现实中，很多人属于“慢性决策者”，他们知道自己应该做什么和不应该做什么。比如要早睡早起、坚持运动，不要过度饮酒、吸烟、暴饮暴食等。但往往决策时优柔寡断或不够坚定，结果无法付诸实际行动或很快放弃。

在这一节的最后，我希望用一首阿尔弗雷德的诗来作为结尾：

像一个被打的铁砧一样站着，
当身上有梦想的时候，在火中变成金色。
不要退缩，
虽然黑色的锻锤穿过那火炉的光环，
重重地落在你的欲望上。

恶魔的巨人在周围徘徊，
这不过是世界上的铁匠们在来回奔走。
像一个被打的铁砧一样站着，
接受厄运，
他们沉重的武器对你进行的锻打，一击又一击。

对真理的需要如同露水落在花上，
这狂暴的愤怒和这无情的蔑视。
每一次痛苦，
都有新的美丽和新的力量，
燃烧的血红将在你的心中诞生。

像一个被打的铁砧一样站着，
让错误敲打那铁器，
在歌声中回响。

第二节　独立思考是每个年轻人必修的课程

在这个信息爆炸的时代，主流的意见只会提供黑白两色的选择，具备独立思考能力的人从来不会直接接受这些意见，而是能够发现新的选项——灰色的选择，他们善于排除所有喧嚣的噪音和主观的因素，以批判的眼光产生客观的想法。尤其是现在每个人都可能会收到来自社会上的各种建议，即使这些建议的出发点是为你考虑，但是否要采纳这些建议需要通过独立思考来进行判断。例如，在我进行研究生择校时，身边很多人向我表达了他们不同的建议。但是大学专业选择时跟风和失误的经历，让我在做这次选择时没有随波逐流，而是根据自己的目标认真地搜集资料、咨询专业人士，综合了所有信息，并进行慎重的考量做出了自己的选择。这一选择也许并非所有人眼中最好的选择，但在我看来是最适合自己的选择。

因此，保持自己的独立思考、明确自己的努力目标比一味地听取他人的建议更加重要。

一、为什么要学会独立思考

（一）公共话语空间正在逐渐减少

独立思考是弥足珍贵的一种能力，但是在现今社会，很多人却不具备独立思考的能力。在新加坡读研究生时，我和导师讨论过这个问题——为什么独立思考变得越来越难？导师向我分享了一个现象：社会公共话语空间的逐渐减少。

在互联网时代到来之前，想要公开讨论问题或者发表研究成果，基本通过报纸、广播以及电视来实现，这就叫作公共话语空间。因此只有具备基本的批判性思维能力和研究基础的人，才能够通过公开发表成果或言论来参与讨论，表达自己的观点和立场。但是手机和电脑的出现，导致看电视、报纸的人越来越少，每个人都能够在网络上畅所欲言，并且通过屏蔽和拉黑功能，排除所有不想获取的信息，只和自己有同频共振的人交流，这样的现象会造成一个结果：每个人都生活在自己的信息茧房中。

公共话语空间的逐渐减少使得独立思考也越来越少，移动互联网虽然给予每个人表达看法的机会，但并没有教会人们通过批判性思维去更加科学、更加客观地看待问题，反而使我们更加缺乏耐心，很多人对于网上传播的带有煽动性的言论、视频，在没有事实依据的情况下，仅凭主观意愿听信、偏信，毫不负责地用各种带有恶意的言论攻击别人，这种带有严重倾向性的情绪化表达最重要的原因就是缺乏独立思考能力，没有真正的自我观点。

（二）不会独立思考会被自己的大脑所蒙骗

“一生中，欺骗我们最多的人其实不是别人。我们最应该小心的是自己对自己的欺骗，自己骗自己的机会远大于别人骗我们的机会。”这是我在樊登读书会听过的一个观点，当时并不是十分理解，但是在学习发展心理学的过程中，我突然对这句话的含义有了更深的理解。想要学会独立思考，首先要针对的对象是我们自身的头脑，要小心警惕我们头脑中所产生的各种谬误。

小故事

不愉快的小组讨论

在小组研究项目中，小强和小明被分到同一个小组，虽然小强和小明以前并没有过什么交往，但是小强听说过小明的一些“不好的流言”，使得小强认为小明是个不靠谱的人。当小明在讨论中表达自己的观点时，小强无视对错，总是想方设法地反驳小明。小强对小明带有倾向性的“人身攻击”行为，使得小组讨论总是无法统一意见，结果导致项目进展缓慢，远远超出了项目预计的完成时间。

故事中小强因为对小明先入为主的看法，使他在小组讨论中无视对错地反驳小明，却没有诉诸有力的理由来支撑自己的反对原因，这一种行为是生活中非常常见的谬误，叫作人身攻击谬误。由此可见，如果不会独立思考，不具备批判性思维，很容易被自己的大脑所误导，产生各种谬误，无法做出理性判断。

（三）不会独立思考的人通常没有主见

独立思考的价值在于充分发挥理性的自主性进行思考，以形成主见，避免人云亦云。

小故事

父子与驴

父子两人，牵着一头驴去省城。

一开始父亲为照顾儿子，就让儿子坐在驴背上，自己跟着走。

走了一段，听到路人议论：这儿子不孝，竟让父亲走路，自己骑着驴。

父子俩听了议论，便换了位置——儿子跟着走，父亲骑驴。

这样走了一段，又听到路人议论：这父亲真自私，竟让儿子走路，自己骑驴。

父子俩听了，又觉得不妥，于是又做了调整——俩人一起骑在驴背上。

这样走了一段，路人又议论说：这爷俩太不像样了，那么小的驴，俩人都坐上面，于心何忍！

父子俩听了，觉得说得也没错，于是俩人都下来，和驴一起走。

走了一段，又听到路人议论：这爷俩真傻，有驴不骑，自己走。

通过这场闹剧，我们不难看出，如果不会独立思考，没有自己的主见，轻易听信别人的议论而行事，就会成为人云亦云的木偶。若能保持独立思考，这爷俩就能得出正确的结论：这头驴的作用是最好的劳动力，就是为了给人省力气，去程驮人、回程驮物。依此便能形成观点：谁走累了谁骑驴，爷俩都不累就不骑。至于路人的议论……关我们爷俩啥事？

可见，独立思考可以形成自己的观念和主见，避免人云亦云，以及生活中被操纵、被忽悠、被欺骗、被割韭菜等情形的发生。

二、独立思考者应具备的特质

事实上，目前的教育中，天生的独立思考能力很难保留下来。每个人后天的思维习惯是在家庭、学校、人际交往、书本、媒体信息的基础上，经过自己选择慢慢形成的。在此过程中，如果有能力发现这些外来知识与亲身经历的实际情况不符、叙述方式不对或某些方面不足，并能由此开始质疑这些外来知识，那么便是初步进入了独立思考领域。

独立思考能力就是以自己的思考为依据，而非拾人牙慧。这看似很容易，但是很多人并没有真正做到，需要在分析信息和解决问题两个能力方面有质的突破。结合我的体会，学会独立思考有以下几个关键点：

（一）学会理性质疑

宋代学者朱熹说："大疑则大悟，小疑则小悟，不疑则不悟。"这是古代学者学习、做学问的一种方式，最简单的解释就是，质疑大的方面会有大的领悟，质疑小的方面也会有小的领悟，没有任何质疑就永远不会有自己的领悟。这一道理也可以用于生活当中，学会理性质疑，才会独立思考。永远不要在没有进行分析论证、思考过程的情况下全盘接受别人的观点和信息，质疑接收到的信息永远是独立思考的第一步，没有质疑的过程，往往很难进行独立思考。

思维惰性是阻碍人们学会质疑、独立思考的罪魁祸首，在这个信息大爆炸的知识碎片化时代，被动接收信息而懒于进行思考和判断似乎成为了更多人的本能，想要克服这种本能，首先要树立"没有永恒真理"的理念，童话大王郑渊洁把这点做到了极致："我从不循规蹈矩，不轻易相信任何人的学说，我看书最大的乐趣就是，理解它然后去质疑它。"

《孟子》里面提到："尽信书，则不如无书。"虽然这句话里的"书"，代指的是《尚书》，但也可以引申为不能迷信任何书本，因而不能迷信权威、迷信真理、迷信群体观点。因此要勤于练习理性质疑，把它当成一种习惯来培养。当然，没有必要非得做到郑渊洁"质疑一切"的程度，但这种精神是值得我们学习的。例如：当你想要质疑一则新闻，第一步就是去找到新闻信息的源头，因为只有源头才能提供最为真实客观的信息。

小故事

阿尔兹海默症"开山论文"造假

提到"阿尔兹海默症"（简称"AD"），可能大多数人对其都不陌生，到目前为止，该病症尚没有任何特效药能够治愈，哪怕只是相关药物都只有极少的几种问世。造成这种结果的关键原因是对于致病机制始终没有研究成果能够清晰描述，直到2006年，美国明尼苏达大学神经学家西尔万·莱斯内在《自然（Nature）》杂志发表了一篇名为《大脑中特定的贝塔（β）淀粉样蛋白会损害记忆力》的论文，这一文章为贝塔（β）淀粉样蛋白假说提供了有力支撑，这一重大发现对整个阿尔兹海默症研究领域都是极大的鼓舞，使得在之后的16年内无数专家学者前赴后继地投入到治愈阿尔兹海默症的医学研究中，大量的资金、精力、时间被投入其中，并且绝大多数的研究都是基于贝塔（β）淀粉样蛋白假说展开，全世界都对这些研究抱以厚望。但是，2022年7月21日《科学（Science）》杂志一篇题为《学术界污点》的调查报告横空出世，指出莱斯内这篇承载了无数研究心血的奠基性论文涉嫌造假，可能通过篡改图像捏造实验结果，虽然这一结论还未被完全证实，却已经在学术界造成了极大的影响。

事实上，在此之前并非没有科学家质疑这一研究成果，许多人在基于该研究成果的展开的实验均以失败告终，但都没有选择公开发声质疑权威，反驳著名的研究专家，使得无数后续的研究可能都是“误入歧途”，所有的投入顷刻间化为泡影。

（二）认知偏差

提起认知偏差往往是贬义的存在，但认知偏差并不都是坏的方面。认知偏差也可以称为心理捷径，它们实际上很有意义。在远古时期，猎人外出狩猎期间面临许多不可控因素，心理捷径可以快速有效地做出决定。虽然人类的大脑已经进化了二十多万年，生活环境截然不同，但从本质上还是保持大致相同的方式运作。世界已经转变成为多元化社会，人类以前一年处理的信息也未必有现如今一天处理的信息多。我们无法处理周围的所有信息，因此在必要的时候我们必须用心理捷径来快速有效地做出决定。

认知偏差是思维方式中的一个错误，会影响做决定的方式。我们通常没有意识到这些偏见。事实上，当我们对自己公平决定的能力最有信心时，它们就会罢工，这就是为什么认知偏见有时被称为“决策偏见”。根据一些理论家的说法，已经确定了一百多种类型的认知偏差。

这里介绍其中四种作为参考：

▲ 证实偏差

通过确认先前存在或先入为主的信息，然后相信想要相信的东西。证实偏差导致下意识地忽视与目前拥有信息相悖的证据。例如，如果学生平时经常犯错，我们可能会自动关注他做错的事情，因为这证实了我们的观点，这名学生是一名表现不佳的学生。另一方面，如果是一名三好学生，我们更有可能忽视他们的错误，因为他们违背了我们想要相信的东西。所以重要的是要保持客观，并根据具体情况评估所有证据，以便做出最佳决策。

▲ 错误的因果关系偏差

引用连续事件作为证据，第一个事件导致第二个事件的发生。一般是发生在设计思维阶段，在这个阶段，可能导致有意识地寻求确认人们所说的话与他们所做的事情之间的因果关系，从而导致采取错误的问题或需求来解决问题。

▲ 过度自信偏差

人们往往对自己做出决定有强大的自信心，即使这个决定是错误的。大多数人倾向于高估自己的技能。根据美国汽车协会调查，其中大约73%的美国人认为自己比普通司机更好。一个人的过度自信侧重于他对自己的能力、表现、控制水平或成功机会的确定性。调整过度自信偏见的最好方法是谦卑地承认自身并没有所有问题的答案，保持开放的心态，承认错误。

▲ 锚定偏差

锚定偏差使我们倾向于对我们看到的第一条信息给予不适当的重视。例如，购买一辆汽车时，如果看到的第一辆车非常昂贵，那么相比之下，之后看到的汽车价格都是合理的，无论它们是否真的价格合理。受到已知或首次显示的信息的影响，这会导致预先加载和确定的视野，并影响最终决策。

认知偏见其实更像是“知识的诅咒”，它极度依赖于我们过去的经验和应用知识的方式，特别是在独立思考的决策中。以前在应用某些知识方面取得的成功越多，就越难想象替代方案。这也是为什么年长的团队成员往往难以用不同的方式思考。因为大多数决策都是受理性的捷径本能地引导和控制的，我们甚至没有意识到这一点，只是在未来的项目中再次重复相同的模式。其实清醒的头脑做出的大多数决策可能也会存在问题，因为这些决策实际上都被称为认知偏见的心理捷径所控制，重要的是要学习如何最大限度地减少它们对独立思考的负面影响。

（三）分析思维能力

分析性思维是使用循序渐进的方法来分析情况，将收集到的复杂信息分解成小的片段进行评估，从而根据现有事实得出结论。拥有这种思维的人被认为更有可能进行独立思考，因为他们会对自己接收到的所有信息进行判断分析以及评估，而不是盲目地吸收和采纳。使用分析性思维技能的人们不仅可以识别问题的影响，还可以判断问题的原因，因此他们往往能够更好地解决复杂问题。

我的美国本科导师曾经分享给我两个提高分析思维的锻炼方法：在纸上思考和问自己问题。

小方法

纸上思考和问自己问题

纸上思考：这个办法的核心是将想法和思考的过程转移到纸上，使这些在脑海里的信息清晰地保留下来，不会错过任何细微之处。我们可以将想法大致分为几类：重要的、不太重要的、没必要的等。然后用路径图、流程图或其他类型的思维导图将各种天马行空的奇思妙想可视化。这个办法的好处在于，刚开始时我必须将每篇论文的关键点画出来才能很好地进行梳理，得出结论。但是随着长时间的练习，我已经做到不需要便笺纸就能够在脑海中快速地剔除不相关的无价值信息，然后对文章的关键信息进行分析归纳。这个练习使我将思考的过程从脑海里转移到纸上，又最终转移回脑海中。

问自己问题：这个方法的核心是将思考的每一个重要步骤都问出来，然后进行再次思考，以获得更加客观全面的结论。例如，当需要进行一项决策“是否要跳槽到其他公司”时，试着问自己这样几个问题：“这对我的事业有什么帮助？”“这对我的家庭有什么帮助？”“这会如何影响我的目标？”“如果我这样做会有什么变化？”“如果我不这样做会有什么后果？”……当我们问自己问题时，会有很多其他问题自然而然地出现在我们眼前，我们需要识别并采取行动，在脑海中一一回答这些问题。如果信息太多思考不过来时，使用前一个方法在纸上画出来也是可行的。

小例子

分析思维解决问题

以下就是一个识别关键问题，并将其分解成更小、更易解决的子问题的例子：

明确需要解决的问题是什么？例如，我们如何在疫情之下使用安全的方式运营学校？

是否有需要解决的子问题？例如，疫苗接种、口罩、消毒、社交距离等。

为什么要尝试解决问题和子问题？解决问题后最终会发生什么变化？例如，学校开放将证明对学生的身心健康有好处。

什么因素构成关键问题和子问题的核心？例如，学校及其学生、教师、工作人员、家长等。

谁可以产生影响？谁会受到影响？例如，校长、教师、学生、家长等。

哪些流程会受到影响？或者，哪些流程需要改变？例如，学习课程、网上学习、集体活动、门卫制度等。

（四）独立自主

独立思考最重要的部分之一就是独立自主，换言之，不要让别人支配自己的思想。但是许多具备这一品质的人常常被人们所误解，因为人们认为他们完全不关心别人的想法，因而将这种品质视为一种消极的品质。事实上，在我看来，这是独立思考必须具备的品质之一，它其实是一种免疫力或者说抵抗力，这种不希望被他人告知自己应该做什么的愿望是一种积极正向的力量。这不是单纯的怀疑主义，而是对颠覆传统智慧想法的积极喜悦，越是反直觉的越好。

当家中被人恶意闯入时，很少有人会选择完全放弃抵抗，即使与闯入者力量相差悬殊，无力保护自己的财产，也会在之后通过法律尽量追回自己的损失，并让闯入者付出应有的代价。但是一些研究表明，95%的人对思想的入侵者置之不理。在生活中，人们可以采取很多有效的预防和保护措施，避免自己蒙受财产损失。但在我看来上天赐予每个人最珍贵、最有价值的财富——思想，很多人竟然愿意拱手相让，放任别人控制自己的思想，这让我觉得非常荒谬。很多人只有当自己需要付出代价时，才会意识到思想有多么珍贵。所以，不如现在开始就好好珍惜利用自己的思想，不要让别人来支配左右它，也不要让别人来消耗我们的思想。

综上所述，对于抵抗他人思想入侵的能力是极为难得的，并且很多研究认为，这种抵抗力更多的是与生俱来的，很难后天去提升它。许多成年后拥有这种品质的人，通常在儿童时期就表现出非常明显的迹象。但是，即使我们不能提升这种抵抗别人强加给自己思想的能力，至少我们可以通过其他方法来进行防御：多与其他具备独立思考能力的人交往。

（五）集体智慧

关于“独立思考”的一个误区是独立思考意味着不接受他人的意见，只相信自己的思考。事实上并非如此。这世界上没有任何一个人能够拥有每件事的完整知识和技能，那么在解决问题时，我们当然应该让其他人共同参与，以实现整体民主的决策。我们需要其他人的不同或者更优的“集体智慧”来弥补自己在知识和技能上的不足。

只有愤世嫉俗的非理性质疑者才会对他人及其持有的观点普遍缺乏信任，而真正的独立思考者虽然以非常坚定的信念形成并持有自己的观点，但不会对他人持有普遍的不信任或消极态度。善于独立思考的人会批判性地思考他们遇到的所有信息和观点，并且愿意改变自己的现有观点。这是因为他们所具有的两个关键品质：思想开放和知识谦逊，即愿意寻求和参与不同的观点。成为一个优秀、独立的思考者意味着永远对周围发生的事情保持好奇，准备好挖掘和利用他人的智慧，用知识挑战这些观点，并有勇气调整自己的观点。独立思考者在智慧上是自信的，但不会过度自信。而他们的这种动用集体智慧的独立性的状态，也让他们能够在寻求问题的最佳解决方案时，更好地利用有效资源。例如，除了与团队成员交谈外，他们还会观看新闻和阅读学术期刊，持续更新变化的信息，深度挖掘以拓宽知识面。在获取了数据和信息后，他们不仅负责解释这些来源的内容，还负责确认其可信度，从而更好地组织团队进行研究。

小拓展

独立思考者如何进行研究

研究所需的最重要的技能之一是独立性，这意味着需要有能力独立思考问题。运用批判性思维积极主动地思考问题，对于有效地进行研究至关重要。

（1）核查信息的来源

需要评估来源中的信息并确定是否准确，检查信息的有效性或适合性。

（2）提出正确的问题

能够提出正确的问题将提供更好的搜索结果和更具体的答案，以缩小研究范围并使其更加明确。

（3）深入挖掘分析

不是只寻找一个看起来可靠的来源。始终进一步挖掘以拓宽知识面，并确保研究的深度。

（4）正确引用文献

尊重他人的权利，通过始终正确引用研究来源来避免抄袭。

（5）利用工具

使用身边无穷无尽的工具，例如有用的网站、书籍、在线视频，以及最有效的方式与相关人员的深度沟通，都可以提供极大的帮助。也可以使用社交媒体网络来获取和分享更多信息，为研究增加更多可能性。

（6）总结

总结在研究中发挥着巨大的作用，一旦收集了数据或者信息，就需要相应地安排总结整理相关信息。

（7）分类

数据和信息不仅需要总结，而且需要按类别排列，可以更好地组织核心思想、详细分解材料、确立信息来源以及快速地搜索。

（六）坚持真相

我们生活在一个逐渐被“主观真相”占领的社会。在社交媒体上，人们分享观点和信念，但往往从未考虑过这些观点或信念背后的原因。人们倾向于自己创造“真相”，而不是去寻找真相。如果有人试图告诉我们不同的观点或者是我们一直坚信的“真相”是错误的，那么这个人就会成为我们可恨的敌人。我们常常把真相的重要性置于众多的干扰因素之后，如果我们对自己行为的后果感到不舒服，我们就会“合理化”地消除任何改变的必要性。

进行独立思考的人在面对问题时会优先考虑真相，而不是让其他因素干扰自己进行理性的分析和判断，这意味着他们愿意接受事实，即使事实的真相偏离他们的期望。例如，一位超市主管发现一名员工在超市仓库进行偷窃，这名员工与主管是多年的好友，并且他非常诚恳地认错保证不会再犯。不过这位主管并没有心软原谅他，而是优先考虑真相，对这名偷窃的员工实施纪律处分。不过要完全做到坚持真相并非易事，尤其是现在世界上充斥的信息大都是虚假的。在最近的一项民意调查中，77%的受访者表示他们无法判断新闻是否真实，这意味着这种真相的模糊感会导致公民缺乏理解和决策。基于这样的情况，也有不少人坚持要说出真相，并且通过有影响力的方式分享真相。他们认为，缺乏真相的后果非常严重，当我们根据虚假信息做出决策时，会出现更难解决的问题。因此，要成为独立思考者的另一个重要条件就是，不仅要坚持寻找信息背后的真相，还要坚持将真相传播出去。

小练习

正反论断锻炼思考模式

1.“时势造英雄”还是“英雄造时势”

2.“学习比实践更重要”还是“实践比学习更重要”

3.“响鼓无须重槌敲”还是“响鼓也需重槌敲”

试着找一下这几个论断，正反双方的论据和立场，然后看看自己对于这几个论断，会不会有不同的认识。持之以恒地锻炼这种思考模式，你会打开新世界。

三、什么是批判性思维

我第一次听说“独立思考”这个概念是因为认识了一位毕业于悉尼大学的朋友，他对新加坡的教育体系持高度批评态度，但他为自己的大学感到自豪，因为他的大学非常重视学生独立思考的能力。我们花费大量时间讨论新加坡的教育政策，并捍卫各自的观点。这件事情虽然已经过去很久，但“独立思考”这个词仍然在我的脑海里，甚至不久前我还专门联系了这位朋友，向他询问悉尼大学是如何培养学生独立思考能力的，他回答了一句话“用批判性的思维去看待你所遇见的所有问题”。

（一）什么是批判性思维

批判性思维是指客观分析信息并做出合理判断的能力，并涉及对来源的评估。例如数据、事实、可观察的现象和研究结果。拥有批判性思维的人可以从一组信息中得出合理的结论，并区分有用和不太有用的细节来解决问题或做出决策。批判性思维是自我引导、自我约束的思维，它试图以公平的方式进行最高质量的推理，并且寻求更高层次的思考，而不是简单地回忆信息。批判性思考者往往比简单记忆信息的人更善于解决问题，他们不仅能很好地积累信息，而且还知道如何使用信息来推断事实并确定结果。

小拓展

使用批判性思维解决问题

以下是使用批判性思维解决问题时可以考虑采取的步骤：

确定一个问题或主题；

对问题存在的原因和如何解决进行推断；

通过研究收集有关该问题的信息或数据；

整理、分类数据和发现；

制定和执行解决方案；

分析哪些解决方案可行或不可行；

找出改进解决方案的方法。

客观是批判性思维的一个基本部分，这意味着在分析问题时，不允许个人偏见、情绪或假设影响我们的思考方式。一个强大的批判性思维者只会在进行彻底和公正的研究后，根据收集到的背景和事实来分析问题。

（二）如何培养孩子的批判性思维

美国作家艾伦·高林斯基在她的书中阐述道：孩子天生的好奇心有助于为批判性思维奠定基础。批判性思维要求我们接收信息、分析信息并对其做出判断，而这种积极参与需要想象力和好奇心。当孩子们接收新信息时，他们会将其添加到大脑中的“图书馆”里。他们必须考虑新信息如何与他们已经知道的信息相匹配，或者是否会改变他们已经认为是事实的任何信息。以下是帮助孩子学习和练习批判性思维的技巧：

1.鼓励孩子追求好奇心

每个孩子成长过程中都会经历一段可怕的“为什么”阶段。在这个阶段，父母应该帮助他们形成和检验理论、实验并尝试了解世界是如何运作的。鼓励孩子探索、提问、验证自己的发现并批判性地思考结果。

2.教会孩子寻找答案

父母通过培养孩子对学习的热爱和了解事物运作方式的渴望，帮助孩子进行更深入的思考。利用书籍、互联网、朋友、家人为孩子的所有“为什么”寻找答案。

3.帮助孩子判断信息

孩子每天都会接收到大量信息，父母最重要的任务是帮助孩子判断这些信息，以确定是否真实、重要，以及孩子是否应该相信。通过教孩子判断新信息能够帮助孩子学习这些技能，让他们思考信息来自何处，新信息与他们已知的内容有何关系，以及是否重要。

4.促进孩子的兴趣

当孩子对某一主题或问题有浓厚的兴趣时，他们就会更加投入并愿意去尝试。扩展知识的过程为培养孩子的批判性思维带来了很多机会，因此应该鼓励孩子勇于尝试新兴趣，并帮助孩子投入其中。

5.教导孩子解决问题的技巧

在处理问题或冲突时，需要运用批判性思维能力来理解问题并提出可能的解决方案，因此，教导孩子解决问题的步骤，他们将在寻找问题解决方案的过程中更好地运用批判性思维。

（三）二十一世纪学习技能4个C

近年来教育领域出现了一个新的词汇“21世纪学习技能”，所有的12项技能都被认定为是必须要传授给孩子的，而其中有四个“C”技能通常被认为是最重要的，它们分别是：批判性思维（Critical thinking），创造力（Creativity），协作（Collaboration）和沟通（Communication）。这四项技能对于现今的学生在学校和工作场所取得成功至关重要。

1.批判性思维

批判性思维是解决问题的实践，除了解决问题和类似活动外，批判性思维还包括质疑的元素。这在21世纪很重要，因为验证准确信息比以往任何时候都更加困难，尤其是互联网。批判性思维使学生能够发现论断中的真相，尤其是事实与观点分开时。通过批判性思维，学生不只是学习一组事实或数字。相反，他们学习如何自己去发现事实和数字。他们提出问题，参与到他们周围的世界中，并开始帮助其他人进行批判性思考。这可能是批判性思维最重要的特点之一，只要一名学生掌握了它，就会很容易影响身边的其他同学。无论学生通过什么方式来学习如何进行批判性思维，这种技能为学生的独立生活和有目的地思考都做好了准备。

2.创造力

创造力就是跳出原本设定好的框架进行思考。但学生可以通过解决问题、创建系统或尝试以前从未尝试过的东西来学习如何发挥创造力。拥有创造力并不代表学生会成为一名艺术家或科学家，而是意味着他们将能够利多个角度看待问题，包括其他人可能发现不了的问题。创造力使学生能够使用他们的内在优势，从大局规划到细致地组织。当学生了解自己的创造力时，他们还会学习如何以科学有效的方式表达它。更重要的是，他们也变得有动力与他人分享这种创造力，正如批判性思维一样，这使得创造力具有传播性。例如，一名学生为某个问题创造了一个有趣或创新的解决方案，当他向同学分享这个方案时，他的同学会受到启发，然后用这一创新的方法尝试类似的事情。

3.协作

协作是为实现一个共同的目标而共同合作的做法。无论学生是否能够意识到协作的重要性，他们都可能会在未来的生活中与其他人一起工作。练习协作和团队合作有助于学生了解如何解决问题、提出解决方案，并确定最佳行动方案。这也有助于他们了解到并不是所有人的想法都会和自己一样。事实上，随着学生的合作实践越来越多，他们会了解到自己几乎很难总是和别人持有相同的观点。这可能会以两种方式影响学生：第一，这可能会使他们气馁，因为似乎没有人总是支持他们的观点。第二，这可能使他们更有勇气，因为他们意识到同学之间的每次讨论和合作都会带来一些独特的东西。作为父母和教师，我们应该鼓励孩子以第二视角来看待这一问题，久而久之，他们会更愿意公开表达自己的想法。

4.沟通

沟通是能够快速和清晰传递想法的方式。在以文本为基础的通信时代，例如短信、电子邮件、社交媒体等，学习如何以别人能理解的方式传达自己的想法更加重要。这是因为基于文本的交流缺乏语气，语气对于理解说话人的语境至关重要。学习如何有效地沟通对学生来说也是一门必修课。当学生进行沟通练习时，他们会变得更善于有效地传达一个想法，而不会在“杂草丛生”中失去他们的观点。

21世纪学习技能中的四个C结合起来产生的整体作用，会比其各个部分单独产生的作用更大。虽然这四个技能听起来很笼统，但是任何学生都需要具备这四个技能。批判性思维教会学生质疑主张并寻求真理；创造力教会学生以他们自己独特的方式进行思考；协作教会学生小组合作可以创造出比个人更优秀的成果；沟通教会学生如何有效地表达观点。当一名学生具备这四项技能时，他就能成为一个人的智囊团，但当无数名这样的学生聚在一起时，他们几乎可以实现任何事情。

第三节　建立目标感是个人发展的重要前提

“你的目标感帮助你完成日常生活中的所有事情，它给予你所需的力量，让你在早晨起床时知道这一天可能带来的所有挑战。但你已经为它们做好了准备。”

——布拉德·休特

一、什么是目标感

每个人的人生目标与目标感是密切相关的。唯一的区别是人生可以只有一个目标。但是对于生活各个方面的目标感却是不同的。众所周知，目标仅仅是对要做的事情所要达到的结果的一种定义，但是每个人的一生中会有无数个目标，它们通常不会都是自己确立的，同样也可能是他人强加给自己的，因此每个人都未必能有充足的动力去达成每一个目标。而对于有目标感的人，他们的工作和生活方式完全取决于自己的喜好，而不是因为他们必须要做什么。所以目标感才是推动人们实现目标的动力，它使人们在生活的各个方面都走在正确的轨道上。

小故事

小明的两个“目标”

小明是一名高中学生，高一暑假时，老师布置了大量的家庭作业。但是对于这个假期，小明已经期待许久，他希望能够和家人一同旅行，因为进入高二之后，学习压力会越来越大，他很难再实现和家人旅行的心愿。因此为了早日实现愿望，小明不得不给自己未来一周制定了目标——提前完成学校布置的所有作业，为下阶段的旅行计划安排做好准备，能够心无旁骛地享受自己和家人的旅程。

小明的故事中，他有两个目标：一个是完成家庭作业，另一个是和家人一起去旅行。但是小明第一个目标的制定是为了第二个目标顺利进行而不得已的选择，因此他对第一个目标是“无感的”，甚至可以说是有一点排斥的，而对第二个目标却是充满动力、满心欢喜的。所以我们得出结论：小明的目标一不具有目标感，而目标二有明确的目标感。

二、建立目标感的意义

（一）目标感可以消除“漂泊感”

美国有一项针对年轻人的调查，结果非常令人震惊：美国有45%的大学生都出现过严重的抑郁症。出现这种情况主要源于现今的社会让很多年轻人感受到生活的无趣，“漂泊感”充斥着很多年轻人的内心。每天几点一线，不是工作就是考研，这让缺乏目标感的年轻人觉得没意思，做什么都没劲，不断地把成熟的时间向后拖延，这个现象被称为“延迟承诺”。总之，就是年轻人都被卡在当前状态，不愿意进入他们的社会角色，因此在全球范围内的许多国家出现越来越多的“啃老族”，缺乏前进动力，永远不想长大。

在对这些“漂泊感”严重的年轻人进行采访，询问他们的共同感受后发现，所有人的回答几乎都可以用一句话来概括：“从未感觉到自己现在每天做的事情是重要的。”这些年轻人普遍认为自己每天都在忙忙碌碌地养家糊口、还房贷，只是对于这些事情的意义、价值、重要性却并不认同。目标与精彩的人生是有着密切的关系的，它可以解决两个最基本的问题：一个是活力，一个是适应力。为什么有深度目标的人会更有活力？因为活力主要来源于目标的激励作用。长期目标带来激励作用，而适应力来自奉献精神。但是如果希望自己活得有劲、有韧性、有活力，那就不能满足于找到一个物质层面的目标。什么意思呢？我们来看这样一个例子：

小故事

买房买车

在我结束留学生活，回到国内后，发现国内年轻人很多都把“买房”“买车”作为短期的物质目标，它可能会带来一时的动力，但努力几年之后，每个人可能都会产生质疑：“买房真的那么重要吗？”或者努力拼搏后实现了目标，激动兴奋感褪去，就会发现房子并没有给你带来预期的幸福感和满足感。

所以，必须要找到一个更深层次、更宏大的目标，才能够从本质上解决“漂泊感”的问题。

（二）目标感会带来幸福感

对许多人来说，具备目标感的人生目标是值得用一生去寻找和追求的东西。无论是家庭、工作，还是生活中的其他事物，目标感会带给我们一种方向感。但是，不少人并没有意识到拥有目标感会对我们的生活产生更具体的影响。目标感这个概念很模糊，这也是为什么人们很难为自己确定一个目标或者愿望的原因。对此有一个普遍的理解是，目标感是我们的激情和目标背后的主要驱动力，也可以称作人生的指导性动机。值得注意的是，目标感并非我们唯一的动机，而是主要动机。

研究表明，与缺乏目标感的人相比，在生活中具有强烈目标感和意义感的人往往具有更好的心理健康、整体幸福感和认知功能，也就是说拥有目标感能够提升人们的幸福感，让人们感受到快乐的事情，它有助于克服生活中的逆境，并增强人们的自我价值感。并且，目标感可以帮助我们保持动力，更快地从负面经历中恢复过来。目标感所带来的幸福感也会比普通的幸福感更加持久，它还会提高我们对于幸福的“设定点”。与普通的令人感到幸福的活动不同，具有目标感的活动往往需要更多的努力和时间，所以这也会使完成这一活动的人对自己和生活产生长期满足感。

目标感的其中一个关键要素是一致性。人们往往会更加积极地投入到自己的工作和学习中，尤其是当他们拥有更大的使命和任务时，即他们知道自己可以为更大的图景做出贡献时。大多数人们都更想建立一座城堡，而不仅仅是搬砖。虽然一个强有力的目标可以起到激励和吸引的作用，但它也可以帮助人们选择和明确他们的时间和精力分配。

幸福感是一个难以捉摸的概念，这是一种无法轻易衡量的心态，是一种无法买卖的情感，却可以在最简单的事物中找到。而目标感是一种感觉，即我们正在为我们的生活做一些有意义的事情，因此，即使在困难时期，目标感也能帮助我们找到幸福。

小拓展

目标焦虑

目标焦虑是近年来出现的一个相对较新的术语，与寻求生活满足感时出现的焦虑和负面情绪有关，例如压力、担忧和沮丧。这种类型的焦虑通常发生在重要的转变时期，即当人们开始寻找他们的生活目标或找一个新的目标来与他们生活中的新篇章相关联时，或者是当人们积极尝试实现他们的目标感的时候。

三、个人如何寻找目标感

为了从生活中获得最大收益并提高自己的潜力，我们需要从寻找目标感开始。这是一个值得花费自己的每一分钟时间去寻找的过程。

这个过程需要从一个小的目标开始，这是对简单生活的更广泛的方向感。生活的目的是每个人最需要进行定义的，因为它能够使我们的其他一切目标都与这个广泛的目标保持一致，使生活连贯起来。例如，如果一个人的总体生活目标是更加平静，那么他将在生活的每个方面努力寻找一个平静的结果。甚至在事业上，他也会希望能有一个稳定的工作，获得更多的闲暇时间陪伴家人，以此保证自己与家人有良好的关系，当然稳定的财富来源也将是目标之一，否则在经济的重压下，没有人能够稳定地生活。

之后，要做的就是逐一解决所有生活方面的问题，以下是通常情况下人们会经历的各个问题方面。

身体健康；关系、家庭和社会生活；工作和事业；财富和金钱；精神上的健康；精神力量。

以上的每一个方面，都需要超越表面的含义。在每个方面找到真正的目的，必须寻找隐藏的机会，这样才能确定自己真正的驱动力是什么。然后就可以在这个方向上不遗余力地投入时间和精力，以收获好的结果。要做到这一点，有以下几个方法：

小方法

五个“为什么”

五个“为什么”是一种自我询问的技巧。当人们需要探寻自己的目标感时，它们可以起到非常有效的作用。五个“为什么”确保最终确定的内容和自己的意图相一致。

在五个“为什么”的帮助下，每个人都可以找到自己寻找到的所有答案。最重要的是，自己是唯一一个参与这个过程的人，所以最终发生的一切对每个人来说是100%真实的。这就是为什么如果你想找到一种将伴随你一生的目标感，这是一个很好的方法。这个技巧将使每个人的生活走上正轨，朝着自己找到目标的方向前进。

倾听自己内心的声音

内心能够告诉自己最真实的目的，我们所要做的就是倾听自己的声音。一个简单的方法是有意识地将注意力转移到思想上。

每天早上当你醒来时，你首先想到的是什么事情？同样地，在你睡觉之前，你脑海中的想法是什么？或者当你在工作中偶尔陷入思考的时候，所有的这些想法都是你的内心与你沟通的方式。找到其中的共同点，给自己一个工作的方向。

冥　想

冥想不仅是组织自己思想、培养专注力的好方法，而且也能帮助自己确定目标感的来源。冥想的过程并不复杂，也不需要特定的时间，即使是在早晨或晚上的工作和学习之后挤出5分钟的时间也足够了。这个方法能够给冥想者的头脑提供所需的空间，使他们的心理过程有条不紊。一旦这样做了，就会发现理解它们要容易得多。在冥想的帮助下，从以前看起来毫无意义的事情中提取意义将是小菜一碟。

区分自己应该做什么

坐下来，列出在生活中想做的事情和永远不想做的事情。可以完全按照自己的意愿、范围或宽或窄均可。准确指出自己希望避免的所有事情，这些都是目标感将远离的内容。相反，目标感将与自己自然倾向的事情密切相关。在大脑中明确了该做的和不该做的事情，那么大脑就会更容易建立起适合自己生活选择的想法。

四、家庭如何培养有目标感的孩子

父母对孩子的影响是深层的、持续性的、终生的。很多父母不理解，觉得自己不管如何教导孩子，他们好像都没有改变。有的索性就放任不管，或者直接就棍棒教育。实际上，我们每个人都可以认真思考一下，现在对自己的性格影响最大的人是小学老师，还是父母？是学习生涯中讲课最好的老师还是沉默寡言的父亲？我想几乎大多数人的第一题答案是父母，而第二题答案是父亲。所以，作为父母对孩子的影响是深远的，并且是以10年、20年为时间单位的影响，甚至很多伴随一生，因此切忌用急功近利的手段来约束孩子，这样不仅难以取得正面效果，反而会适得其反。那么父母具体要如何做，才能帮助孩子建立目标感呢？

第一步，父母要学会倾听，抓住关键点。在生活中，每个孩子都清楚，很多时候只要和父母谈话，通常说不到几句就会转变为父母的演讲专场。有些父母可能会说："虽然你能这么做已经很好了，但是我来告诉你怎么做更好！"而一些控制欲较强的父母会说："你少关心没用的事，把你学习管好了就行，作业写完了吗？"而选择不遗余力地鼓励孩子的父母最少："宝贝，你做得太棒了，我为你骄傲！"

当孩子跟父母谈及最新的社会现象或热点新闻，说一些自己感兴趣的事情的时候，父母要做的应该是多了解、多倾听，询问孩子是否需要帮助，告知你能为他创造怎样的条件。不要做过多的评判，也不要做过多的规定和引导。最可怕的是有些父母会选择打击、嘲讽、挖苦自己的孩子，比如他们会说："一说起这些就一套一套的，有什么用？就你那学习成绩，有什么资格喜欢这个、喜欢那个，学习成绩不提高，这些以后和你都没关系！"

为什么说父母要学会倾听，就是让父母放宽心态，不要急于向孩子表达自己的观点，更重要的是倾听孩子的观点，了解孩子的感受，让孩子多表达，清楚他到底在想什么，最后才能更有针对性地激发孩子的兴趣。

第二步，充分利用生活中和孩子对话的机会。在生活中，要潜移默化地向孩子传递一些东西，创造一些对话的机会和话题。例如：在重大节日或家庭聚会的时候，亲戚朋友坐在一起，可以聊一聊不同职业的看法、不同城市的生活。一方面开拓孩子的眼界，另一方面也有可能会有意外之喜，比如发现孩子在某些方面的兴趣。

第三步，父母要具备开放的心态。只要孩子的想法和愿望不是反社会或者你无力承担，基本上都可以在一定程度上包容孩子去探索一下。如果孩子想吃素，父母可以跟孩子说："好啊，那让我们一起研究一下，如何做到吃素还能够保持健康和营养均衡。"有了家长的支持，孩子就开始研究如何保证蛋白质的摄入以及身体所需的营养元素。这样孩子不仅自己长期吃素，保持健康，而且也会影响到身边的人。总之，当父母对孩子保持开放、包容的心态时，孩子更容易找到做事的乐趣、动力和意义。

第四步，父母要时刻向孩子传递生活中的实际经验和知识。把一些生活常识和自身经历总结传递给孩子，但这绝不意味着要说教孩子。

第五步，介绍孩子认识生活中的导师。如果父母发现孩子对理财感兴趣，想要自己管理零花钱，千万不要打击孩子的兴趣，以年龄或阅历不够等方面作为理由阻挠他。父母要做的是适时地帮助孩子，比如说可以找到朋友圈里研究股票、基金的专业人士，让他们坐在一起聊一聊，给孩子做简单的科普，这对于孩子目标感的建立会有很大帮助。

小拓展

有安排的聚会

父母可以为孩子专门组织一些聚会，也不必有什么功利性，仅仅是希望孩子通过这些聚会能够获得生活中的各个方面的人生导师。首先，关于聚会的人选，可以是涉及任何行业的佼佼者，但一定是自己要好或相熟的朋友，这样双方的小辈或许也能因此成为志同道合的朋友。其次，聚会的地点可以是家中，也可以是饭店，主要视交好程度而定。最后，也是最为关键的一点，在聚会中创造机会让大人和孩子自由沟通，这个时候孩子就有可能会找到自己感兴趣的各方面的人生导师。

第六步，培养孩子积极的人生观。想象一下，假如一个家庭中，父母总是把“真倒霉”“都怪他”等负面词汇作为口头禅，那对孩子的成长会有多大的影响。但是如果能把“真倒霉”变成“真幸运”，比如出行遇上暴雨正在躲雨时，不要在孩子面前说“真倒霉”，而是说“我们太幸运了，正好可以有避雨的地方，不会被淋成落汤鸡”。不论遇到什么样的事情，父母只要怀有一点积极的心态，都要及时传递给孩子。虽然生活不会永远如每个人的心意，好事坏事都会发生，但很多时候好坏都来自于自己的解读，在于自己如何看待这些事情，所以积极的人生观非常重要，父母必须时刻记住把这点传递给孩子。

第七步，让孩子从责任中寻找力量。不论孩子年龄大小，作为家长都可以为他分配一些家庭任务，让孩子更有家庭参与感和责任感。但是要保证任务与孩子的发展阶段相匹配，否则就是在给孩子压力。比如：可以适当地布置一些家务劳动，洗碗、拖地等。

以上这些步骤，就是家庭中培养目标感的一些做法。另外，这些步骤并没有必要的递进顺序，完全可以所有的步骤同时进行，到最后会发现，其实这就是生活。所谓培养有目标感的孩子，就是全家一起过着积极、健康的生活。孩子感受到生活的每一天都有意义，并且很幸福，和父母有讨论不完的话题，随时能够从父母身上汲取能量，学到有用的知识。

第四章

教育感悟篇

第一节　特立独行的美国家庭学校

小故事

破冰游戏——两个真理一个谎言

我在美国芝加哥本科留学期间，多次玩过一个很常见的破冰小游戏，叫作“两个真理和一个谎言（Two Truths and A Lie）”，就是每个人分享关于自己的三件事，其中有一个是错误的，然后让其他人来找出那个谎言。我们老师十分喜欢在开学第一节课玩这个小游戏，因为这是一个帮助我们快速了解大家的好方法。我记得有一门课上有个男生分享了这样三件事：“我喜欢抱着毛绒玩具一起睡觉”，“我在高中之前没有去过学校”和“我从不熬夜超过晚上12点”。我记得当时的我觉得每一个都像谎言，然后犹豫之下选择了第三个。但最后揭晓时他说他确实在高中以前没有去过学校。他从小一直是在家里进行学习，他的父母担任了他的老师，这就是美国的家庭式学校。

其实在美国这样的家庭式学校是非常常见的，所以对于这部分孩子来说，他们的父母在他们成长阶段中的参与行为就更加重要。我在美国的学校实习期间，发现美国的父母通常都非常愿意参与到孩子的教育和生活中，学校也很重视这一点，基本上每学期都会有大大小小的活动邀请家长到学校参加。在周末或者假期，他们也非常喜欢带孩子一起去逛逛博物馆和水族馆，享受享受亲子时光。实际上，父母参与对于孩子的成长发展是非常重要的。

一、美国家庭学校的发展历程

（一）美国家庭学校的起源

美国建国初期，尚未开始实行学校制度化，当时的教育方式主要就是家庭教育。美国记载最早的家庭学校大概在19世纪中期，当时选择移民美洲大陆的人群主要有两种：第一种是为了财富而探险，在他们看来一块未经开垦的大陆一定充满财富；另一种则是为了自由而逃离，他们希望能够在一片新的土地上开启崭新的生活。由于这时学校尚未建立，这部分移民者便采用家庭授课的方式对下一代进行教育来传播知识，有些家庭也会邀请和聘用擅于教育的老师到自己家中为孩子授课。

（二）美国家庭学校的没落

当真正的现代化学校出现，义务教育在美国逐渐普及，这种家庭学校模式虽然并未因此彻底退出美国教育历史舞台，但也因此逐渐没落。仅有部分特殊群体的学生，仍然需要接受家庭教育。比如传教士的孩子、外交官的孩子、患有特殊疾病的孩子以及美国部分偏远地区的孩子。

（三）美国家庭学校的再度兴起

直至20世纪60年代，美国家庭学校再度兴起，主要原因有四点：一是美国学者们认为学校教育模式存在许多弊端，开始提倡个性化教育；二是频繁发生的校园暴力事件让美国家长愈发担心孩子的人身安全，试图在正规学校之外探寻一种更适合、更安全的教育模式；三是有特殊需求的孩子；四是家长的工作时间灵活，可以更好地陪伴孩子学习成长，在完成全部学习课程的同时，甚至会带孩子全世界旅行，拓宽视野。并且，受到约翰·杜威的教育思想的影响，不少家长认为家庭才能够为孩子提供最天然的学习氛围。基于这种情况，“家庭学校”或“在家上学”的教育模式重新成为美国家长的重要选择之一。

小拓展

美国“启蒙计划”

由于传统家庭分工的不同，母亲通常在孩子的教育中参与度更高，但许多研究表明父亲的家庭参与对儿童的身心健康和人格发展起着重要而积极的作用，所以美国将父亲的家庭教育纳入启蒙计划，旨在鼓励父母双方在家庭教育中发挥重要作用。在启蒙计划的指导下，美国各州政府完善了家长参与家庭教育的机制，制订了各州的家庭教育计划。明尼苏达州的家长教育核心课程框架就是在这个行动计划的基础上制定的，参加该计划的家长将获得家庭教育证书；根据不同家庭的不同育儿需求，制订有针对性的家庭教育指导计划，并积极鼓励家长在孩子成长过程中参与家庭教育计划。

二、创办美国家庭学校的要求

家庭教育始终是美国教育体系的关键组成部分之一，其中有50个州政府立法以确保家庭教育学校的合法性，而选择接受家庭教育的学生比例从2010年开始就始终维持在3.3%左右，人数大概为190万。美国沃尔顿家庭基金会发布的报告显示，在2020—2021学年中，有310万美国学生放弃正规学校教育，选择接受家庭教育。发生这一情况的主要原因在于，互联网的高速发展带来了全新的网上学习模式，随着家长的受教育程度不断提高，其教育理念也更加多元化，加上2019年新冠疫情的骤然爆发，在家隔离学生线上学习成为常态，使得未来家庭教育学校可能会成为美国家长的热门选择。

（一）美国家庭学校需要接受的教育

1.社交技能培养

美国许多学者不支持家庭学校的主要原因就是认为孩子会缺乏社交技能的培养，许多美国家长也担心孩子的社交问题，但事实上，如果学生确实适合接受家庭教育，那么社交方面完全不是问题。首先，通常接受家庭教育的学生更有自己的主见和想法，正规学校的社交活动对于他们而言更像是一种无效社交。其次，很多接受家庭教育的学生本身就存在“社交恐惧症”等问题，甚至也有的学生在自己的发展领域十分突出，因此也会基于自己的发展领域来形成社交网络，而并非同年龄学生。最后，关于社交技能的培养，美国各州政府也给出了解决方案，建立家庭学校合作社，多个家庭团体可以共同组织授课，既让孩子有机会和同龄人学习交流，也因此避免了校园霸凌等问题。除了学习授课之外，他们也会组织各种社交活动，比如运动、娱乐、研学等。总之接受家庭学校教育的学生，并非只是困于家中学习，他们依然有丰富的社交生活。

2.教学课程资源

在美国，由于选择接受家庭教育的人数不断增加，使得可用课程和资源也在相应地增加。通常家长选择传授给孩子的科目都会包括正规学校课程的标准学科，但是为了孩子的个性化发展，家长可以通过观察学生的学习情况和独特兴趣，来为他们匹配更适合的课程，也能够选择适合学生学习风格的教学方式。

3.混合型教学风格和理念

众所周知，对于参与正规学校教育的学生，他们通常只会接触到一种教育风格或理念——学校主张提倡的特色发展理念，但是实际上存在许多不同的好的教育理念，比如蒙特梭利教育和古典学教育。因此家长可以自由混合不同的教育理念，为学生发展提供适合的个性化教育。

4.学期学年结构

接受家庭教育的学生在学期学年结构上有绝对的自由，这也是家庭教育的优势之一，对于学年结构的安排，主要考虑因素有学生的学习进度、学习风格等。可以选择全年无休，也可以选择参考正规学校，是否要将其与正规学校区分开，全凭家长和学生的共同计划安排。

（二）美国家庭教育学校的管理与学历认证

虽然家庭学校在美国是合法的教育方式，但美国各州政府的独立性使得在不同州对家庭教育学校的规定大相径庭。有些州将家庭教育学校视为私立学校，因此在学生考试成绩、家长的教师资格等方面，都会采取和私立学校相同的规定；而有的州则将家庭教育学校视为普通学校，家长需要按时向正规学校或直接向教育部门报告学生的学习成绩和学习进度，并且根据学习进度参加州统一考试；也有的州政府规定接受家庭教育的学生只要通过当地教育部门承认的公立学校考核即可。但不论如何管理家庭教育学校，美国大多数州教育部门都为此设有专人甚至是部门，专门负责监督辖区的家庭学校教育状况。总之，家庭学校教育的衡量标准与普通学校完全一致：接受家庭教育的学生仍然需要在通过正规学校组织的考核以及教育机构的认证后，才会被承认学历。除此之外，接受家庭教育的学生想要申请大学，一方面成绩单要经过专业教育机构的评估认证，另一方面则是和接受正规学校教育的学生一样，参加大学的入学标准考试。

三、美国家庭教育的优劣分析

虽然美国关于家庭学校一直存在争议，但是一些研究发现，在美国接受家庭学校教育的学生，相比接受正规学校教育的学生，往往在大学入学考试中表现得更为优异，正式进入大学后所展现的学习自主性也会更强，他们能够更为迅速地适应大学的学习环境。同时一项调查数据显示，接受家庭学校教育的孩子占据美国完成大学学业的67%，而公立学校仅占59%，天主教和私立学校占比更低，分别为54%和51%。由此可见，接受家庭教育的学生并不比正规学校的学生差，甚至更为优秀。事实上，美国的许多名人接受的都是家庭教育，比如托马斯·阿尔瓦·爱迪生、查尔斯·狄更斯、海伦·凯勒、本杰明·富兰克林等。

（一）美国家庭教育的优势

美国家庭学校学习进度较快。由于家庭学校教育通常是父母和孩子一对一的知识传授过程，所以不用和正规学校一样需要维持课堂纪律，学习进度和作业布置也不需要兼顾众多学生的不同情况来进行安排，而是父母可以按照孩子的接受情况和学习进度来有针对性地合理规划，如果学生学习能力较强，甚至可以提前完成课程学习。据美国家庭学校法律援助协会的统计，接受家庭学校教育的四年级学生会比公立学校的同龄学生提前1年级，八年级学生会比公立学校的同龄学生提前4个年级。

美国家庭学校学习形式灵活多样。美国家庭学校的家长需要承担所有的管理职能，因此学习时间、内容和师资全部由家长决定。对于授课教师的选择，家长可以选择亲自授课也可以为孩子请家庭教师。值得一提的是，美国有许多区域性甚至全国性的家庭学校合作社，能够让所有参与的家庭学校共享师资和学习资料，并且创建家庭学校服务网站和教育研究机构等。另外，并非选择家庭学校教育的学生就不能到正规学校就读，事实上，大多数家庭学校学生每周都会有专门的时间到正规学校上学以及参加考试，还有提前完成高中课程学习的学生，他们会经常到社区大学参与大学课程，提前获得大学学分。

美国家庭学校的学生通常品行端正。接受美国家庭教育的学生很少会沾染公立学校的不良风气，家长通过甄别和控制，将能够影响孩子学习发展的不良因素隔离开，尽量为孩子创设更好的、更简单的学习生活环境，让他们在学业之余，身心也能得到健康发展。

（二）美国家庭教育的争议

关于家庭教育方面学术界一直存在不少争议，但是大多数教育学家认为，家庭学校教育的优劣其实是因人而异的，并不能一概而论，需要辩证地看待这一问题。比如有些人认为放弃免费的公共教育资源，家长不仅要在孩子身上投入更多精力和情感，也会因此承担更大的经济负担（美国的义务教育是完全免费的，但是即使孩子选择接受家庭教育，父母依然需要缴纳公共教育经费）。但从宏观的角度来看，看似增加了家庭开销，实际上降低了教育花费。有研究表明，家庭教育学校平均每年在每位学生身上的教育花费为546美元，但是如果选择公共教育，州政府每年需要支付的生均经费却高达5325美元，两者之间10倍的教育花费差距，让很多学者认为家庭教育学校是“低投入，高产出”的模范。

第二节 令人深思的“尊重与偏见”

小分享

孩子眼中的“尊重”

在这一节开始之前，我想要先分享一些我指导的美国幼儿园孩子所认为的“尊重”的样子。

“尊重是爸爸不会吃掉妈妈最喜欢的巧克力。”——安佳丽，3岁

“尊重是老师总是对着我笑。”——马克，3岁半

“尊重是我矮矮的，卢卡斯高高的，但是我们总是一起玩小汽车。”——丹尼尔，4岁

“尊重是我们有不一样的头发。”——玛雅，3岁

“尊重是你送给我们的那只熊猫。”——佐伊，3岁半（我在第一天去这个班上的时候带去了一只大熊猫玩偶送给他们作为礼物）

“尊重是我不喜欢苹果。”——里昂，2岁

“尊重是不要说别人的裙子不好看。”——璐比，4岁

（如果可以，希望您也能在以下横线处写下您所认为的“尊重”应该是什么样的）

____

______________________________。______________，______________。

一、学会尊重个体差异

在孩子的世界里，尊重，是不同、是接受、是不让别人伤心、是我对你微笑、是你拥抱我、是我们一起玩游戏。他们并不会因为身边的小伙伴是另一种肤色而远离他，反而他们只会觉得，“耶，现在我们加起来就有两种颜色了！”

尊重个体差异并接受不同是从我刚接触教育学就一直学习的一个主题。除了教育学以外，学会尊重也是在各个领域乃至整个社会中永恒不变的课题之一。

在大学期间，我们学校为了这个课题专门开设了一门教育专业的必修课。作为未来的教育工作者，我们比其他人有着更重要的责任和必要去学会尊重不同，因为我们将要面对的是世界的下一代。我们需要学习并谨记，并且传递“尊重他人，尊重不同”的想法。但是，在我学习这门课的时候，发生了一件不太愉快的事情。

那节课的课前任务是每个同学都分享了自己挑选的一本关于尊重与不同的书，并分享挑选它的理由和自己的想法。在这个分享环节，我确实学到了很多很重要的东西。但是，当我们的老师在播放一个关于尊重的视频时，我突然注意到隔壁桌有一位白人同学朝着另一位白人同学，做出了一个对黑人有冒犯意义的手势。这件事情让我一度疑惑如果连未来的教师候选人都不会尊重他人的话，那么他无意识下的行为或者语言是否会将这个想法不知不觉地传递到年幼的孩子心里。但是这又是一件很难被察觉然后制止的事情。也就是说，如果我没有看到那一幕的话，可能下次再见我甚至还会觉得他是一位非常优秀的老师。这件事情对我造成了不小的打击。因为我们作为未来的教育工作者，我们几乎每一天都在接受这样的教导，“尊重差异”“尊重不同”“尊重隐私”“尊重文化”，尊重所有……而恰巧就是在这样的情况下，却有人一边接受着这样的思想传递，一边却又做着不尊重他人的行为。

二、偏见所带来的恶果

我在美国时期的另一位文学写作课的教授曾经在他的课上告诉所有人，如果有任何人做出了任何不尊重他人甚至伤害到他人的行为，或者是发表了相关言论，那么那个人会被请出这门课，他拒绝在这门课上担任他的老师。我第一次听见的时候觉得这似乎是一件非常严肃且认真的事情，甚至可以说有一点过于严格了。当时的我不大能理解美国社会如此重视的“尊重”氛围到底是什么样的。可能在我过去的生活经历中，不论是在社交媒体还是当面交流中，出现的对他人有冒犯或者不尊重意思的言论其实是比较常见的。有时候两个人吵架都有可能无意识地说出一些不礼貌的话语。但是在我们学校如此往复的“尊重”教育中，我才逐渐意识到这是一件特别值得注意的事情。

这位教授还在课堂上播放过一个短片让我们进行讨论分析然后写一篇相关的文章。短片叫作《皮肤》，讲述的是一个白人小男孩在超市与一个非裔美国人（黑人）相遇后天真地交流，但是他的白人父母却对这种交流做出了种族暴力的反应，然后这两个家庭发生了后果非常严重且无法挽回的冲突。

在这部短片中，那位白人父亲仅仅因为肤色就对那个非裔美国人持有偏见，认为他在欺负恐吓自己的儿子，并找来同伴当着那个黑人儿子的面将他父亲打成重伤。但是事实却是，那个黑人父亲当时只是拿着一个汽车玩具在逗白人小男孩开心。后来，那个黑人父亲的妻子向同伴哭诉，然后他们又当着白人小男孩的面绑架了他的父亲。绑架之后，他们将那个白人的皮肤全部文成了黑色，并毒哑了他的嗓子使他不能出声。夜晚，当那个白人父亲想要回到自己家时，却被自己的妻子从身后开枪射杀。因为他的妻子看见的是一个“黑人”，所以即使那是她的丈夫，她的偏见也告诉她这个“黑人”是危险的，他会伤害他们。

这就是因为偏见所带来的令人伤痛的结果，而这份伤痛还会在下一代继续。因为对于这两个小男孩而言，他们所看见的都是另一种肤色的人在伤害自己的父亲，所以这份偏见还在。当他们未来遇见另一种肤色的人时，他们也会觉得那些人是充满了危险的，甚至看向他们的目光也可能会带有仇恨。

我们所正在追求的且希望达到的应该是一种没有排斥、没有歧视、没有高低之分的教育。我们的孩子们应该更加包容，更加富有同情心，更加尊重和理解不同的文化，能够与他人进行有效的沟通与合作。而这正是我们目前所缺少的，我们在这个世界上看到过这样的孩子，我们也从未被这样对待过。

三、教育与尊重

我们常常使用“尊重”这个词，但我们是否真的清楚这个词的含义？被普遍接受的一种定义是，尊重是对他人的感情、愿望或权利的重视。我们每个人学习尊重的第一个教育场所都是我们的家，我们会从我们所有的亲戚，特别是父母那里学习尊重。父母是我们的第一任老师，他们教给我们所有不同类型的态度，不同的语言方式，这对孩子来说再合适不过。而后来，我们进入了学校。在学校里，尊重老师是教育生活的一个非常重要的部分。我们不仅要尊重老师，因为老师是我们的朋友，更因为老师是我们的长辈。不仅仅是学生要表示尊重，老师也要表示尊重。有时，当教师希望他们的学生在课堂上积极听讲时，他们需要倾听学生的意见，并给予他们作为学生应有的尊重。通过给学生这种尊重，学生可能会更加愿意听讲，并在学习中更加积极。

尊重是一条双行道。为了获得尊重，我们也必须成为尊重的给予者。这就像从商店买东西一样，为了拥有商店的商品，我们必须向商店支付商品的费用。尊重不只是我们从别人那里听说到的东西，也不只是我们口头上说的东西。尊重不只是语言，更是行动。随口说出“我是一个尊重他人的人”很容易，但要做到这一点却很难。行动能够表现尊重的全部，而不仅仅是口头说说而已，这就像一句俗语：“行动胜于雄辩。”尊重可以通过行为表现出来，也可以被感受到。我们可以用被认为是尊重的方式行事，当我们感受到对他人的尊重时，我们也能感受到来自他人的尊重。以下是一些我们可以表示尊重的方式：

◇乐于助人。如果我们发现一个朋友或同事陷入困境，尽可能地在力所能及的情况下帮助他们。这并不意味着我们需要承担他们的工作，但是提供一些建议或投入一些时间将意味着更多。如果这个朋友或同事过去曾帮助过我们，那么回报他们将是一个很好的方式，用来表达我们的尊重和感激之情。

◇回答“谢谢”。我相信这一点似乎是常识，每个人从小都应该学习过，不过现今的不少人忘了说“谢谢”，或至少忘了如何真诚地说。谢谢可以小到两个字，大到给别人买礼物。然而，如果这个行动不是以百分之百的诚意进行，那么它就是浪费了。要确保人们知道我们欣赏他们和他们的行为。

◇倾听。这一点听起来十分容易，但要做到真正的倾听可能是最难掌握的技能之一。如果我们想让他人知道我们尊重他们，那么我们就要倾听他们所说的话。看着他们的眼睛，放下自己的手机，并在必要时提供反馈。每个人都欣赏愿意听他们说话并对他们所说的话表现出真正兴趣的人。

除此之外还有很多其他方式能够表示对他人的尊重，以上这些只是我们在生活中最有可能做到的方法。即使是非常简单的善意行为也可能对他人的生活产生很大的影响。始终保持尊重和欣赏是任何关系的基础原则。

第三节　努力追求教育平等与公平

“平等越少，就越需要努力创造公平。”

可能有部分人会不大明白平等与公平的区别，那么我想先分享一个我曾经和学生一起完成过的小实验。这是一个很简短的小故事，如果您是一名家长/老师或者教育工作者，那么也邀请您在您的孩子和学生中模拟这个小实验。

小实验

创可贴实验

需要的材料：一盒创可贴

首先，我会告诉孩子们今天我们要学习“平等”和“公平”这两个概念，并希望他们先用自己的理解向我解释这两个词。一些简单的对话能够帮我快速地检测到他们的先验知识。然后，我会让每个孩子都假装自己受伤了并且需要一个创可贴用来保护自己的伤口。接着，我们需要依次询问每一个孩子受伤的部位。当第一个孩子回答后，比如说孩子回答手指受伤了，那么我们需要在他的手指上贴上一个创可贴。接着，不论其他的孩子回答的各自受伤部位是哪里，我们都只会在他们的手指上贴上创可贴，就跟第一个回答的孩子一样。等到为所有孩子的手指都贴上创可贴之后，我很开心地告诉他们：“非常棒！现在你们每个人都得到了相同的帮助，我为你们每个人的手指都贴上了创可贴。这就是平等！”

这时，会有孩子试图向我解释他受伤的是其他的部位而不是手指，我不应该给他的手指贴上创可贴。他们想要教导我让我知道只有在他们受伤的位置贴上创可贴才能帮助到他们。我会表现出恍然大悟的样子，然后撕掉他们手指上的创可贴并重新粘贴在他们受伤的部位，并对他们说：“非常谢谢你们的解释！现在你们每个人依然都拥有着一个创可贴，但是它却贴在不同的位置。如果你受伤的是胳膊，那么你的胳膊获得了一个创可贴。如果你受伤的是腿，那么你的腿就贴上了一个创可贴。在以后的学习和生活中，你们可能也会得到不同的东西，被分配不同的任务，请不要疑惑或抱怨。这是因为你们不同的需要，就像你们每个人需要创可贴的地方不同而已，这就是公平！平等是你们都会获得相同的帮助，但却并不一定是你们需要的。而公平则是你们都会得到自己需要的但是却又不同的帮助。”

我曾经在学年开始时进行过这个小实验，当学年中有学生问我为什么有个同学的作业和他们不同时，我就会提醒他们创可贴这个小实验，然后他们就会很理解很满意地走开了。

一、教育公平和教育平等

在我刚刚学习编写课程教案时，有个特别让我眼前一亮的模块叫作“分化（differentiation）”。在这个模块，我们需要根据学生们不同的准备度、兴趣和学习能力为他们设计出适合他们的课程环节或者是活动。这些课程分化可能会涉及几个方面。一是内容。比如说，我曾经教的一节一年级的社会研究课程，课程焦点是导航，在课程结束后学生们需要自己绘画制作一份地图。而对于绘画能力较弱的学生，他们会被提供一些形状或者地图符号，他们可以将这些剪切下来并粘贴到自己的地图上。二是过程。个人工作能力较弱一点的学生会加入合作小组，以小组为单位来制作地图。而个人工作能力较强一点的学生会以个人为单位来完成自己的地图，并且在完成后会被邀请加入合作小组为其他同学提供帮助。三是成果。在每一个环节都表现得非常出色的学生会被鼓励进行一些具有挑战性的任务，比如说尝试去制作一份立体的地图。

这就是教育公平，每个学习者都可以根据自己的具体情况获得所需的各种机会和资源。如果一个学生遇到困难，那么他/她会比没有遇到困难的学生需要更多的关注和帮助。而教育平等则意味着为所有学生提供相同的资源和机会。中国台湾作家林清玄先生曾经这样描述教育平等，他说："只有立足平等的教育，使草木自己成长，每个人的本质才都能得以发挥。"

虽然教育公平与教育平等代表着两种截然不同的教育实践方法，但是这两者在教育中都至关重要。学习者所拥有的不同学习背景、基础、兴趣、能力、困难等因素都成为了促进教育公平、推进个性化教学的重要指标。一所为每个学生都提供带回家的笔记本电脑的学校并不能满足那些家中没有接入互联网的学生的需求。即使每个学生都获得了使用这些设备的平等机会，但他们仍然遇到了困难。而教育平等的必要性则保证了每个学习者能够有相同的基本水平的关注、机会和资源。在过去，因为家庭的受教育水平和社会经济地位，失去平等接受教育机会的孩子只能早早地步入社会，学习着那些超出他们年龄所能承受的生存技能。家庭更加富裕的学生往往拥有着优先倾斜向他们的教育资源。因此，不少国家都在立法层面出台一系列政策以促进教育平等。但是，教育领域并没有实现平等，尤其是在美国。美国拥有非常浓厚的教育文化，它根植于他们的社会，根植于他们的文化。但多年来，美国不同社会阶层的教育并不平等。1876年，马萨诸塞州颁布了美国第一部义务教育法。法律规定所有8至14岁的儿童都必须上公立学校，并禁止父母在家教孩子或将他们送出州上学。这是美国教育平等的开始方式。但许多方式并不适用于所有人，例如基于能力而非社会经济地位的不同学术严谨程度。美国全国高中学者协会（NSHSS）认为"公平对于帮助抵消平等的缺乏至关重要"。在教育公平和平等之间找到一个恰如其分的平衡点，对每一位教育工作者来说都是一条漫长的道路。可能道路的前面还是道路，是无止境的，是没有特定概念的。

教育平等是指每个人都应该有平等的受教育机会，无论社会经济阶层、种族和民族如何。它确保所有人都有相同的学习机会。要求教育公平是一个旨在进一步确保所有人平等的概念。在这个概念中，为儿童打破了来自不同的背景和社会经济水平所造成的经济和社会障碍。在实践中，教育平等可以被描述为"获得条件"，而教育公平是"机会条件"。

教育平等是人人享有受教育权的社会原则，不论其背景如何。每个人都应该在教育中享有平等的机会，包括优质的教师、充足的教材和学校，以及优质的学习资源。正如《世界人权宣言》所述，教育平等是一项国际人权。

联合国认为，教育平等是所有儿童的人权，不论其种族、民族、国籍或社会阶层如何。1948年，联合国教科文组织通过了一项决议，指出保障平等接受教育是一项基本人权。《联合国儿童权利公约》规定，“缔约方承认每个儿童都有接受教育的固有权利，包括学前班和幼儿园。”它还包含促进有形学习资源和教学大纲的规定，以及承认所有儿童都有独特的需求、兴趣和能力，并且所有儿童都应该接受教育，无论其社会群体的优先级如何。

如果将教育平等定义为“所有学生无论背景或情况如何，都能获得受教育的机会”的话，那么教育公平则可以被定义为“所有学生无论背景或情况如何，都能获得全面的优质教育的机会”。“教育公平”一词最早是在1970年被正式提出的，用于解决班级过度拥挤的问题。但这个思想在很早之前就已经出现了，也就是孔子所倡导的“因材施教”。直到1997年，这个概念才受到了广泛的关注，当时它成为了加拿大安大略省教育改革的重要组成部分。直到现在，教育公平的概念已应用于美国和加拿大的教育体系。它考虑到各种背景和生活经历，帮助学生确保他们从教育中获得最大收益。它允许每个人探索他们感兴趣的科目，以免限制学生的能力和兴趣。它还可以帮助学生产生新的想法，从而带来创新和进步，进而带来更高效的经济。

在中国，教育公平的概念也已逐渐被接受。过去教育的一个主要问题是它没有考虑学生的能力和兴趣水平。例如，许多学生没有机会探索他们感兴趣的科目，因为他们不符合某些年级要求。这正是一个学生的背景如何影响他们获得质量机会的例子。但是现在，老师们意识到并不是所有的孩子都有同样的学习能力，他们应该接受相应的教育。这种变化是受到了外国教育体系的影响。很多中国家长也已经开始认识到孩子的学校不是以个性化教学为基础的，他们应该更加重视教育的公平性。此外，中国社会对孩子的教育状况变得敏感，并开始为自己采取行动：家长开始比较孩子的学校，老师们开始讨论孩子的教育状况。学校开始更加意识到为每个学生创造公平和平等环境的重要性。家长们也开始明白，孩子的教育是自己的责任，应该主动去重视。这实际上都是有利进展的迹象。

我国政府多年来也一直致力于教育改革。这项改革的目标之一是使教育更加平等。另一个目标是让教学更加注重学生的能力，这意味着学校不仅根据学生的年龄组进行教学，而且还根据他们的能力进行教学。这个想法的基础是我们应该用学生的优势来教他们，而不仅仅是他们擅长的东西。

二、教育公平与英语语言学习

我在美国学习教育学的第二学期，注册了一门必修课叫“儿童、青少年和青年文学”。在开学的第一课上教授就告诉我们，每节课我们都会阅读大量的文学作品，所以我们几乎不会使用到电脑或者平板等电子设备，也希望我们认真地去感知阅读的内容而不是埋头做笔记。但是在课程过程中，大量的文学阅读任务和经典诗歌等阅读材料对英语语言能力要求很高，尤其是部分材料里还有我从未遇到过的俚语和特殊表达，所以我不得不借助网络进行搜索甚至翻译。在其中一节课上，我过多的电脑使用引起了老师的注意，她轻轻地走到了我的电脑后想要检查我的屏幕。但由于我的屏幕停留在一个翻译页面，所以她并不确定我实际在做什么。课后，坐在我身边的外国同学很热情地跟我说我应该向老师解释我在这门课上的困难并希望得到帮助，如果必要的话，他们愿意帮我给老师发邮件。于是我听从同学的意见在邮件里非常详细地解释了因为语言和文化的差异导致这门课对我有很大的挑战，比如有一个段落里提到的一个经典的儿童游戏我可能从未听过，所以我需要在网上进行搜索来帮助理解这部分信息。而且语言能力差异也让我在阅读速度上比较落后，可能在老师组织讨论环节的时候我还没有读完。

值得开心的是我的教授表示非常理解我面临的困难，并且也非常愿意帮助我。从那之后，教授会提前两三天将准备好的课件以及阅读材料以邮件的形式发给我，让我有更加充足的时间来阅读或者进行准备工作。而且在课堂上，教授新增加了一个类似于传统文化科普的小环节，来解释那些比较古老和经典的语言表达和内容。很多同学也感到很舒服，因为有些提到的东西对于他们的年纪来说也稍微古老了一点，可能他们也没有太多了解。

对于很多留学生来说，在国外的学习不仅是知识的学习，也包括了语言的学习。可能外国同学上课时学习的只是教授传授的知识，而我们必须要先跨过语言这道关，然后才能进入到课堂知识的理解中。这是个更加费时且复杂的过程，但这也是教育公平应该出现的地方。

对教育公平的追求一直是美国历史的重要组成部分。1965年，美国出台了《初等和中等教育法》，它试图让各州、学区和学校对提高学生的学习成绩负起更大的责任，而不论其经济状况、种族、族裔、英语熟练程度或残疾程度如何。语言是创造意义和与他人交流的普遍媒介。此外，语言是心理表述和认知处理的主要工具。从本质上讲，学习和认知是相互关联的，因为两者都严重依赖语言。当思维和语言之间的连接链被破坏时，比如留学生不理解教学语言时，学习就会被破坏。

三、平等始于公平

为所有公民提供免费公共教育是美国价值观的基本信念之一。自第二次世界大战以来，人们越来越仔细地研究这一信念对不同人群意味着什么，以及是否应该提供平等或公平的教育。有些人提出应该提供平等的教育，即为所有学习者提供相同的教育机会。另一些人则提倡教育公平，意思是提供不同的教育机会，以实现特定的目标。

最高法院在布朗诉托皮卡教育委员会一案中的裁决是审查公平与平等问题的主要推动力。这项裁决指出，为黑人设立的独立学校在本质上是不平等的，从而引发了许多其他群体的教育平等问题，如女性、其他少数民族、发育障碍者和有天赋的人。不仅提出了问题，而且发生了变化。在私人基金会、联邦政府和地方教育机构的资助下，设计了一些教育方案，为各种群体提供公平的教育。这些项目包括一系列的活动：帮助学习者克服数学缺陷的辅导，以及花费数百万美元改变学习者和教师的态度以及行为的努力，重新设计课程，并在某些情况下重组整个社区的教育环境。一些项目的前提是断言必须为所有学习者提供相同和平等的经验，以提供公平的教育。因为提供了相同的经验，所以假定教育的公平性得到了保证。其他项目则是基于这样的论断：必须提供干预项目，以弥补学习者带到学校的缺陷。其基本假设是，教育机会的平等并不能提供公平，只有当学校教育的结果对所有群体都相同时，才能实现公平。另外的方案支持这样的论断：美国教育的优势和美国的优势在于多样性。因此，个人或群体的不同优势都应该在公平的教育下得到发展，这样才能产生文化和个人的多样性。这种立场往往反映出这样的信念：由于各民族和性别的社会角色不同，教育应该考虑到这种角色的差异，并提供适当的教育。

我所听到的关于平等和公平之间区别的最好解释来自于一位美国的校长。我曾向这位校长寻求关于如何解释我为一名学生提供“特殊”的便利。当其他学生说：“这不公平!为什么我得不到奖励？为什么我不能休息？”我试图通过解释“他需要，而你不需要”来平息他们的不公平感，但这并不奏效。校长说这是平等和公平之间的区别。这是一个向孩子们解释的好方法。

问他们，如果有一个涉及写作的考试，他们需要在离地面五英尺高的黑板的一条线上写下他们的答案，他们会怎么做？我说这不就是不公平吗？因为我的学生中会有人身高不够而根本够不着那条线，那他怎么能够填写答案呢？然后校长告诉我，平等意味着给每个学生完全一样的东西，以满足同样的期望。而公平意味着既要让不同需求的人达到单一的期望，又要给他们需要的东西来实现它。换句话说，它是一种公平竞争的方式。

我本科学习教育公平时教授提供的分析案例是马里兰州的某公立学校的故事。该学校系统有14万名学生和202所学校。与全国各地的城市学区一样，这个学校正在努力解决成绩差距问题，即学生成绩模式和辍学率与种族界限密切相关的现象。在学校主管的领导下，该地区以一种惊人的大胆方式很好地处理了成绩差距问题。

为了明确指出种族和经济差异的问题，学校主管按区域绘制了成绩较差和较好的学校的地图。被标为绿色区域的学校位于高收入、以白人为主的社区，且被认为是全州最好的公立学校之一。被标为红色的学校位于少数民族、低收入社区，成就低，辍学率高。这个规划的目标不仅是使红色学校达到绿色学校的成就水平，而且要提高每个人的教育标准，包括绿色学校。

为了找出影响成绩的障碍，创造认同感，并制定战略和目标，学校主管寻求了每个利益相关者的意见和支持，包括学生、家长、教师、后勤人员、校车司机、政府官员和社区领导人等。在广泛的社区投入和支持下，该学校实施了一项基于公平的战略，为红区学校分配了比绿区学校更多的资源，以便为落后的学生提供他们需要的额外支持和时间赶上来。

当我分析这名学校主管的工作方式时，我注意到他并没有把自己的想法强加于人，而是利用他的权力地位，让系统和周围社区的各个层面的人参与进来，并赋予他们权力。事实上，他每次都有效地使传统的等级制度变得扁平。以下是几个例子，说明他是如何超越文化规范来创造种族公平计划的：

◇他用明确的对话和冲突解决方案取代了回避冲突。

◇他通过征求每个人的意见，从数据分析师到公交车司机，寻求从正规教育和生活经验中获得的知识。

◇他没有在紧迫感的基础上采取行动，而是花了必要的时间来纳入多种观点，发展合作和共识，并考虑长期影响。

◇通过用社区和协作意识取代竞争，他让整个地区感到是一个整体的一部分，而不是像202所学校为有限的资源而逐校争夺。

◇他通过鼓励人们热情地说出自己的想法，让他们从情感的束缚中解放出来。

◇他通过深入调查系统性障碍的根本原因，用好奇心取代了判断。他甚至亲自乘坐校车，来寻找他能从学生的这部分经历中学到什么。

我试想过如果我住在这个州，那么我的孩子就会在绿区学校上学。如果我不了解成绩差距的历史根源，我能否被说服，让我们这个区的优质资源从我孩子的学校转移到红区学校？我不能确定，但我认为这对我来说可能是一个很难接受的概念。同样，这是给那些认为自己做得不够好的人一个努力的机会。现在回想起来，我才真正地明白，平等越少，就越需要努力创造公平。

第四节　同一间教室里的特殊教育和包容性教育

每每谈论到特殊教育这个话题我都想先做一个小介绍，不知道在读这一小节的您是否知道“人优先语言”？

人优先语言也被称作包容性语言，是一种将人置于诊断/伤病之上的语言形式。简单来说，就是“人”的优先性高于疾病或缺陷，仅仅描述“病情”而不是定义“身份”。与之相对的就是身份优先语言，即疾病或缺陷的优先性高于“人”。人优先语言能够避免用他人的病情和伤痛来标签他人，属于一种残疾礼节。这是一种被广泛使用在外国语言中的礼节性语言，虽然在中文的特殊语序中并不涉及，但我仍希望有尽可能多的人了解这门语言。如果一定要用中文来表达的话，那应该就是用“有视力缺陷的人”替代“盲人”，用“有智力障碍的人”替代“智障人士”，用“携带”替代“标签”。

一、特殊教育

我第一次从书本以外的地方接触到真实的特殊教育是在大三那年。当时我是在美国学校的早期教育中心观察和记录老师的实际教学课，这个班的孩子是3岁到4岁。我突然注意到班级中有一个患自闭症的小男孩，名字叫作汤姆。我注意到他是因为当班级老师让他去洗手时，他便站在洗手池前一直用水冲洗他的双手，没有停止。然后，老师将他带到一旁让他用纸擦干手上的水时，他又一直机械地重复用纸擦手这个动作，也没有停止。通常情况下，幼儿阶段是存在一些重复行为的，这是他们理解周围环境的正常过程，表现可能是将积木块反复地拿起扔下又或者是不停地跑圈圈。然而，汤姆表现出的非正常发育过程中的异常重复性行为代表着这个孩子可能具有一定的特殊情况。于是我将该次观察的主要目标设定为对汤姆情况的了解。

我先是和汤姆进行了一个简短的交流，发现他对外界的语言类信息（口头的）只有轻微的反应，并且他不会给予外界任何反馈。也就是，我们和他进行交流时大都只是单方面的信息输送。班级老师告诉我这是正常情况，汤姆在家和爸爸妈妈也是这样的。我花了一些时间企图找到能让他感兴趣的东西，这样说不定能让他愿意张口说话，但是很可惜没有成功。

到了户外探索时间，其他的小朋友都很开心地跑来跑去，去攀爬高高的木桩，去挖泥地里的“宝藏”，只有汤姆一个人呆呆地站在一边看着这些景象。我牵着汤姆到了一个人较少的攀爬架，然后告诉他：“不要担心，你可以的，好吗？你可以试试，我会一直扶着你保护你的，你只需要像这样一个一个抓住这个木头试着往上可以吗……”汤姆在犹豫不决中依然决定伸手试一试，他每抓住一个握把或者是往上了一阶，我都会给他非常大的反应来肯定他的进步并鼓励他继续。当他成功攀爬到顶时，他也表现得非常开心，即使他仍然不说一句话，但是他开始愿意看着我的眼睛，和我进行眼神交流。

在这一天结束时，汤姆已经可以给我一些简单的反馈了。当我举起一个玩具小车问他想要吗，这时候他会伸手，但是我会告诉他：“如果你想，那么你要告诉我好吗？你可以尝试发出一点声音或者用另外的方式。”反复的几个回合下来，当我询问汤姆别的问题时，他会用“嗯嗯啊啊”的方式来努力和我互动。这对我来说是个巨大的鼓励和惊喜，这是我第一次和一个具有特殊需求的孩子在一起相处。

课后我和课堂老师对此进行了一些讨论，我认为对于像汤姆一样的孩子我们需要给予更多的关注和帮助，因为从当天的情况来看，只要我们付出足够多的时间和耐心，汤姆是愿意一点一点和他人进行交流的。但是老师告诉了我一个让我非常惊讶的观点。她说她并没有认为汤姆是一个特殊的孩子，她认为他和其他所有的孩子一样没有区别，汤姆并不特殊，他只是不爱说话而已。老师还向我解释道，有部分孩子因为各种原因可能会进行一些特殊的干预计划或者拥有不同的学习计划，但这并不是因为他们“特殊”，只是因为他们“需要”。

在这次讨论之后，我思考了相当长一段时间，我认为这是非常值得我去深思和学习的问题。在我过去的理论知识学习中，特殊教育是为了适应学生的个体差异或者特殊需求而进行的差异化的教育实践。也就是汤姆在课程学习中会有和其他孩子不同的学术标准和特定的学习计划。而包容性教育则是忽略受教育者的背景、种族、性别、家庭等各种原因，为受教育者提供接受相同的教育机会。但是在这个教室中，我同时见到了能够满足不同的特殊教育和忽略不同的包容性教育。这是一个很矛盾，但是却一点也不冲突的现象。这也是在我过去的学习中所没有想到的。并且，这个班级老师对我说的那句话，才是真正的“包容”所在，即“汤姆并不是特殊的”。这在我后来上的另外一门课上也有所体现。

大三下学期的时候，我在隔壁的多米尼克大学选修了一门叫作“家庭，学校，社区关系”的课程，我们班上有一名同时有听觉和语言障碍的同学（聋哑）。学校为她配备了一位专业的特殊教育老师。这位老师会和我们一同上课，然后用手语的方式将课程内容同步传达给那名同学。我们的主授课老师会提前将课程大纲和演示文稿等材料发送给那位特殊教育老师，以便她提前熟悉内容。除此之外，我们的课程并没有因为这名同学而有任何的不同。她就和每一个普通学生一样，我们一起分组讨论编写项目材料，包括期末的汇报演讲，除了我们采用的方式不同，我们是口语表达，她是手语表达加老师翻译，其他的所有都是一样的。没有任何一个人认为她是一个特殊的存在，所有人都正常地打招呼和交谈。这让每一个人都感觉到非常舒适。真正的包容性教育就应该是这样的，在包容性的大环境下提供能满足个体差异的特殊教育，但却不认为他们是特殊的。

我后来读过一篇让·西奥多拉·斯洛博兹安关于包容性教育的研究，标题叫作《细节决定成败：包容性教育环境中的排斥问题》。在政策和社会的推动下，很多学校提出了一系列的包容性教育的执行措施。但是在研究人员对所搜集的数据和信息进行仔细分析后发现，进行研究的那所学校既定的包容性政策与实际做法之间存在矛盾。他们所采取的自认为的“包容性”措施，包括张贴要包容特殊同学之类的标语和将这部分同学单独安置在特殊的教室里进行授课，都让这些同学感到自己实际上是被排斥的、是特殊的、是不同的。这些看似包容性的措施反而没有将这些孩子包容在内，这是非常值得人们去反思和关注的问题。

二、全纳和排斥

1994年，在西班牙萨拉曼卡召开的世界特殊需要教育大会开始讨论“全纳教育”。“全纳教育”在这次会议上成为全球现象，但直到2008年日内瓦会议后，这一概念才真正走红。2008年，联合国教科文组织在瑞士日内瓦召开了以“全纳教育”为主题的第48届国际教育大会。至此，全纳教育不再是国际讨论的话题，它在世界各地的无数学校中实施。“全纳教育”是包容所有学生的教育需求和能力，包括“特殊需要”的孩子，它涉及尽可能将所有孩子纳入统一的学校系统，并考虑到他们独特的学习需求，减少了歧视。全纳教育支持“通用学习设计”的概念，即所有学生的发展、成长和成就都会得到支持。这种教育可以被视为消除社会劣势、促进教育公平和所有孩子机会均等的有效途径。

包容性教育更加学术的表达应该叫作全纳教育。包容和排斥的故事表达了思想、价值观和观点的差异。多年来，很多学者一直在反对在教育中采用狭隘的全纳方法，这种方法主要关注被归类为有特殊教育需求或被视为有残疾的儿童和青少年。狭隘的包容性观点的持续流行，意味着有强大的利益集团在支撑着它，在立法、培训课程、学术部门和专业工作方面，有一系列与“特殊教育需求”这一概念相关的结构。这些都延续了一种错觉，即教育困难可以通过对儿童和青少年生活的分类和干预来解决，而不是通过学校、学校的教学活动和学校内部的关系来解决。此外，这种方法的个人主义与目前控制着全球教育发展方向的新自由主义意识形态相得益彰，并从中获得了力量。这一点是很难质疑的。因为意识形态就像一个自我封闭的气泡一样包围着我们。我们可能认为它可以被我们理性的锋芒刺破，但随后发现，我们只是开了一个微小的、暂时的、迅速关闭的洞。

当人们希望将全纳仅仅简化为让被归类为有特殊教育需求的儿童进入和参与时，因为身份和经历的掩盖所造成的排斥与歧视就出现了。“特殊教育需求”这一术语类似于一个“吸尘器”的概念，它将因课程障碍、人际关系或性别和种族歧视而产生的教育困难吸进个人的缺陷中。为了鼓励个人和群体的参与，我们必须建立一个欢迎、反歧视的系统和环境，并拥有加强其能力的文化、政策和做法，以平等地重视儿童和成人的多样性。最重要的是，当我们要将包容性价值观付诸行动时，包容就产生了。

第五节　从养育反思教育

“父母养育孩子的方式将决定了他/她会在舞会之夜带一朵花或是一把枪。”

家庭和父母对儿童的生活有着最核心和持久的影响。为人父母不是本能的，而是贯穿孩子一生的进化程序。在大多数情况下，父母并不是刚生完孩子就准备抚养孩子。为了有效地完成任务，他们会听从专业人员的建议，如儿科医生、教师，甚至心理学家和精神病学家；通过书籍、文章和采访；或通过寻求朋友或家人的建议。此外，通过越来越多地从他们的孩子、他们的创造中得到爱和快乐，父母的角色得到了改善。这种对等的关系和感情随着时间的推移而发展。

家庭提供了一个结构化的环境，孩子在其中生活，而父母则作为榜样，影响他们的发展、态度和价值观。养育子女的另一个重要观点是养育方式对儿童发展的影响。“权威型”父母更有可能培养快乐、创造性和合作性的孩子。他们具有较强的自尊心，通常在学习和社交方面表现良好。这种养育方式包括对儿童需求的感情和细心的回应，以及对适当发展、明确社会责任和坚定的期望。另一方面，“专制型”养育方式对儿童的发展产生不利影响，包括自尊和学习成绩，它往往不那么温暖和有回应，而是更加具有惩罚性。在青春期，由于身体、认知和社会方面的变化，父母的教育方式需要适应新的环境。对幼儿的监督与对青少年的监督有着非常不同的意义。在这个特殊的人生阶段中发生的事件和经历会对他们以后的生活有重大影响。随着他们的成长，青少年承担了新的社会责任。他们获得了在成人生活中发挥作用所必需的技能和机会。

一、养育方式的分类

父母养育方式根据“要求性”和“响应性”分为四种不同的风格：专制型、权威型、宽容型和不参与型。要求性是指父母控制孩子的行为或要求他们成熟的程度，响应性是指父母对孩子情感和发展需要的接受和敏感程度。

（一）专制型

专制型的父母有严格的规定，但他们对孩子没有太多的爱或感情。孩子按照父母的吩咐去做，没有质疑，因为他们知道，如果他们不服从，就会产生严重的后果。这些父母通常来自严格的背景，所以这也是他们选择抚养孩子的方式。这种类型的养育方式通常是高要求和低响应的。

（二）权威型

权威型的父母是公平和一致的，设立明确的规则和期望同时锻炼孩子们的灵活性和理解力。允许合理的结果发生（例如孩子因为没有复习考砸了某次考试），但会用这些例子警戒孩子并让其反省和检讨。权威型的家长会养育自己的孩子并且很支持他们，经常与他们孩子的需求保持一致。他们相信孩子通过艰苦学习定会成功，所以他们会教孩子变得更加独立和有能力。这种类型的界定为高要求和高响应。

（三）宽容型

宽容型的父母是不为孩子设定任何界限的。他们不为孩子提供纪律或结构。孩子可以自由地做任何他们想做的事，而不会产生任何后果。在和孩子们相处的时候，比起教育的角色，宽容型家长更倾向于充当一个朋友的角色。这种类型的养育方式通常伴随着低要求和高响应。

（四）不参与型

不参与型的父母与他们的孩子没有太多的互动，他们也没有兴趣这样做。他们可能会为他们的孩子提供纪律或结构，但他们的孩子多数不遵守任何规则或任何指示。他们被称为冷血无情的父母但是通常并不是故意这么做的，因为他们经常忙于他们自己的事情。这种类型通常是低要求和低响应的。

二、养育方式的自由切换

什么是最好的养育方式？许多研究表明，权威的养育方式是最有效的养育方式，采用这种养育方式的父母往往会培养出学业成绩更优异的孩子。但是权威型家长也不能幸免于心理健康问题，培养出的孩子容易产生交际困难、物质滥用、自我调节能力差或者自尊心低等问题。当然，这些问题在忽视型、放纵型和专横型的家长中更为普遍。所以每当涉及教育方式，从来不会有一个标准答案。你不需要去归结出一种形式，因为有时候你可能需要混合这些养育风格，但需要你自己有节制。

（一）学习和生活的“宽容”

起初学习这一理论的时候，我认为我父母采用的是不参与型养育方式。在我的记忆中，他们总是很少参与到我的生活和选择中。尤其是当我小学开始住校生活后，我生活中的小事他们就更少参与了。

从三年级起，我的父母便开始让我自己整理每周返校要带的行李箱和书包。要知道在那个年纪，多数同学的父母会细心地为他们的孩子规划好每一天要喝的牛奶和要穿的衣服。我小时候是个马马虎虎的孩子，所以我总是丢三落四的。几乎每个星期我都会在收拾东西时忘掉些什么。生活老师再三提醒下周返校要换新的牙刷了，但是我可能记住了带新毛巾却忘了带牙刷。班主任再三叮嘱要让家长在放假通知回执单上签字并交回给老师，于是我紧张地记忆了好几天并记住一定让父母签字，但却忘记了把回执单装进书包。这样的事在我的小学生活中简直太多了，还有几次连作业也忘记在家里被老师罚重写。每当遇到这种情况我都下意识地心头一紧“糟了”，然后又开始苦恼“要是爸妈能帮我收拾书包和行李就好了，有他们帮我肯定不会老是忘记点什么”。然后我开始和自己较劲，不停地忘记什么又不停地提醒自己不要忘记什么。就这样在我漫长的成长道路上，我渐渐地开始从“忘记”变得“记得”，因为我知道，我的父母是不会替我来做这些事情的。

在我准备这一节的素材时，我认真回想了以前的这些故事，才发现我的父母并非是“不参与”，而是“宽容”。虽然宽容型和不参与型养育方式都是低要求的，但是区别在于宽容型的父母会更加重视孩子的心理需求并且会很及时地提供适当的响应。就从我小时候老是忘记东西这件事来说，虽然我的父母不会在我收拾书包时在一旁监督提醒我，但是每一次我打电话告诉他们我忘记了什么时，他们都会以最快的速度给我送到学校。所以小时候我返校时，也总是会有一个奇观，那就是我和父母说完再见后，过了没半小时他们就又来学校了。在我小学时期，我的父母可没少因为“我忘了”跑来学校，不过频率大概是从一开始的一周一次到后来可能一个月才有一次了。并且，虽然我住校父母很少会参与到我的生活中，但是我偶尔想念他们给他们打电话时，他们就会在下班后或者晚饭后散步到学校来看看我。我很喜欢他们在一个星期中途来看望我，因为他们会给我带来我爱吃的零食和蛋糕。

以前我认为我的父母是不参与我的生活，后来我发现他们其实对我是有求必应的，是在我需要时永远会出现的，只是他们选择了渐渐放手的方式让我小小年纪就学会了自己的事情自己做。他们没有因为是我的父母就替我安排好一切，替我做完所有事情。而这一点，也是真正让我渐渐变得独立的重要原因。

（二）人身安全的“专制”

我的父母也并非总是“宽容”的，如果说在我的生活和学习上他们很宽容的话，那么在我的人身安全方面他们就是非常专制的。小时候我的父母几乎不让我和同学朋友出去玩，除非有大人或者父母陪同。但其实大家都知道，小孩就喜欢和小孩一起玩，并且很不喜欢有成年人陪在一旁。对此我抗议过很多次，但是他们根本没有听取我的意见。后来我读高中了，我的父母终于放手让我可以自己出去和朋友玩了，但是他们又有了新的规矩，不允许我晚上自己打车或者自己回家，如果要玩到晚上的话一定要让他们来接我。这一点我一直抗议到23岁还没有结果。直到现在我的父母都不允许我晚上一个人打车。所以23岁的我在出门和朋友玩耍之后，还得在商场门口乖乖地等着父母来接我。

正如这一节开头的那句话“父母养育孩子的方式将决定了他/她会在舞会之夜带一朵花或是一把枪”，养育方式对于一个孩子成长的影响是潜移默化且源远流长的。在我远离家乡一个人前往另一个国家求学时，虽然我的父母没有跟在我的身边，但是他们对我从小到大的养育方式依然在持续地影响着我。他们对于我生活的“宽容”默默地影响了我，让我成为了一个独立自理的人，同时他们对于我安全的“专制”又让我成为了一个非常小心谨慎的人。

总而言之，最成功的家长会知道什么时候切换成什么样的养育风格。举个例子来说，每当孩子生病了，家长会从权威型转变为宽容型，为了能给孩子提供温暖然后放松一些要求（例子：你可以悠然地在饭后吃冰激凌）。

当孩子的健康或安全产生风险时，一位宽容型家长也可能会变得比较严格。比如说当他们和孩子一起过马路的时候（例子：你需要牵着我的手不管你喜欢与否）。

三、适合的养育方式更为重要

部分研究调查证明权威型家长的孩子是最有可能培养出独立自主且善于社交的小孩。但是反思我自己的成长经历，虽然我的父母与权威型丝毫不沾边，但我的独立自主能力依然得到了较好的培养，因为我父母选择的养育方式更加适合我的成长。在我的成长过程中，我的父母一直在支持我，但他们没有把我推向任何特定的方向，也没有给我很多建议，因为他们不想限制我的创造力（这是我后期想到的，但不一定是父母当初明确的目标，可能仅仅是宽容）。他们确保我拥有成功所需的东西，并在我需要的时候出现在我身边。他们在需要的时候会变得很挑剔，但他们也会表扬我，给我自主权。我认为这是支持性育儿的一个很好的例子，我的父母留给了我发挥创造力的空间。一个有凝聚力的家庭可以成为支持的来源，帮助孩子在成长时期感到舒适和安全。这种类型的家庭还可以为孩子提供一个安全的养育环境，让他们能够探索自己和发挥潜力。我的父母有时也很严格，但他们从来不会为了他们想要得到的东西而强迫我。对于父母来说，选择适合他们自己和他们孩子的养育方式比固执地坚守理论更加重要。

前面章节里提到过我大二的时候转学到芝加哥的大学学习教育。芝加哥并不是一个很安全的地方，甚至可以说是一个十分不安全的地方。在假期的时候学校宿舍是关闭不开放的，所以我到了芝加哥的第一个寒假是和同伴一起在校外找的住处。我们搬过去那天发现公寓里什么东西都没有，只有简单的家具，于是我们租车到一家较大的综合性超市购买了很多生活用品，包括被子和枕头。当我们结束采购在路边等待出租车的时候，超市门口有一个街头流浪汉找上了我们。他看着我们搬着刚采购的物资，然后拦住了我们的去路并伸手要钱。幸好同行的男生果断地让我们赶紧上车不要搭理他，我们才得以顺利回家。这是我第一次亲身经历涉及人身安全的事情，记忆尤为深刻，那种紧张感、恐惧感一直很难忘却，我在安全方面更加小心谨慎了。

公寓距离学校很远，出于不想每个假期都来回搬家的原因，我们决定自己在学校周边租房。有一个女生因为一直以来都是在父母的照料和保护下长大，所以她对于自己找房租房等事情就显得比较手足无措。相比之下，我父母一直以来对我的“放手”倒让我能很快找到方向该怎么做。我们在美国的一个租售房子的网站上根据位置、条件、价格等筛选出了几套还不错的房源，并向房东发去了邮件希望有进一步的联系。运气较好的是很快就有一个房东回电，他的房子就在我们学校旁边那条街，并且他本人就是片区的警察，我们立即和他预约了第二天的看房时间。在看房时房东向我们简单地介绍了这套房子和周围的环境，并且因为我们是旁边大学的学生而拒绝了另一对有意向的租客，还优惠了一些价格将房租给我们。

之后的两三天我们完成了很多很多事，我们联系了水电和煤气公司开设了账户，前往电信公司购买了路由器开通了网络，并去了宜家家居挑选了喜欢的家具。相比于很多留学生直接签约租赁的软硬件全包的公寓，我们这样的租房经历还是很特别的。宜家送来家具那天是下午，工人师傅帮我们将所有材料搬到了楼上，然后我们一件一件地清点检查并签字。当他们走后，家里剩下的就是一大堆等着安装的零件和木板，以及极其无助的我们。在美国请人安装的费用甚至高于购买家具的费用，为了省钱我们只能自己边看说明书边安装。不过很有成就感的是，后来家里的每一件家具包括每一颗螺丝都是我们自己安装好的。

我们居住的区域属于当地的富人区，相对比其他地方安全一些，但我还是时刻谨记父母的叮嘱，不要好奇，不要乱走。我个人也一直认为，在外求学，安全第一。在芝加哥学习生活的三年里，我很少出门，甚至从来没有旅游，只去过周围的一两个著名的博物馆和艺术馆。差不多半个月会打车去一家大型超市采购大量食物回家囤起来。偶尔出门去买点水果或者逛一下街边的商铺我都会赶在五点之前回到家里。不过，事实证明我父母专制型的注意安全的养育方式是非常重要的。某一天晚上大概十二点左右，我正在赶作业也没有睡觉，客厅窗外闪进来一红一蓝的灯光。我悄悄趴在窗户往下看，有好几辆警车停在楼下。他们来回地检查着周围，驻留了好一会儿才离开，然后第二天我们看见新闻报道，我们家对面的巷子里发现了一具失踪两个星期老人的尸体。在我居住期间遇上了好几次出警的情况，有一次警察甚至还上门询问我们信息，问我们是否听见前面那条街开枪的声音。每当听说和碰到这些危险的事件之后，我都觉得，幸好我父母从小就不让我一个人出门玩，更别说天黑出门了。在看过很多人因为各种原因遇害的新闻之后，我更加感慨，多亏了我父母在安全方面的专制，我才能一路平安长大并求学归来，同时也感叹中国的安全环境。

小拓展

自由放养式育儿

如今，育儿是一个非常热门的话题，各个方面的专家都在告诉父母应该如何养育孩子。从依恋理论到养育方式，很多思想流派关于什么是“正确”的育儿方式展开了诸多讨论。但我却认为这些讨论的重点并不应该是告诉父母他们应该做什么，而是要让他们更加了解他们的养育方式会如何影响他们的孩子。有一种育儿方式被称为“自由放养育儿”，并在《自由放养孩子：让我们的孩子拥有我们所拥有的自由》（2011年）中得到普及。这种育儿方式是让孩子不断探索并保持好奇，父母可以通过允许孩子自己做出选择、设置个人限制和界限以及在需要时提供指导来引导孩子的独立性。并且，这种类型的父母还通过教育他们的孩子了解世界是如何运作的，同时不会试图用太多的信息来控制他们，从而鼓励他们的好奇心。

相比之下，我父母的养育方式其实更像这一类型，并且我也认为自由放养育儿是最适合我们家庭的一种。从小我就很好奇，喜欢探索，但我也知道什么时候该从树林里出来或上床睡觉。我可以自由选择什么时候做这些事情，但我不能在没有陪伴的情况下在外面闲逛。我知道还有很多其他的养育方式，比如依恋育儿和老虎育儿，我并不反对其中任何一个。但是我相信父母尽可能多地了解他们的孩子以及如何更好地养育他们是很重要的。他们应该接受教育并了解每种理论如何以不同的方式影响他们的孩子。有些人可能会认为我的父母太严格或我们不“自由”不能为所欲为，但我认为我们是自由的，因为父母教育了我们如何行动以及何时行动。

第六节 我认为的“好”的教育

在我的学习旅途中，我见证过很多种教育。在我的幼儿园时期每天就是玩，老师给我们播放动画片、让我们角色扮演过家家、学习画画和音乐……但是在美国的幼儿园，虽然孩子们也是每天都在玩，不过他们还会学习数学、科学等学科知识。要知道当初我是从小学三年级才开始上科学课的。进入初中和高中，我们的每一天都是与满满的课程和作业一起度过。那时候我就听说国外的小孩每天下午三点就放学还没有作业，当初也着实是羡慕了好一番。后来我又先后接受了美国和新加坡的高等教育，虽然同是发达国家，但是这两者的教育风格也是大不相同。不同的教育风格和效果在我身上产生碰撞，也让我开始思考，什么样的教育才是“好”的教育，什么样的教育才能为学习者带来更“好”的效果。

一、美国的教育

（一）美国的教育理念

从美国的教育发展史看，美国的教育理念体现在许多方面。第一，美国视教育为一种信仰，在美国人看来，教育是一个国家无论处于任何环境的情况下，都必须坚持的事情。他们对待教育的态度和中国一样：“再穷不能穷教育。”由此可见，美国人对于教育的重视。第二，美国人认为教育是支撑一个国家最重要的三大支柱之一。正是因为美国把教育摆在了足够关键的位置上，使得美国拥有在全世界范围内都称得上较为完备的教育体系和教育制度。第三，美国的自由主义也充分体现在其国家的教育中。正如美国第三任总统托马斯·杰斐逊所说：“只有受过教育的人民组成的国家才能保持自由。”这一说法直接奠定了美国教育的基本框架和理念，将美国的教育提升到和自由、民主的同一高度上。第四，虽然美国在其发展历史上存在过种种不平等的现象，比如种族歧视，但是美国人始终追求在教育上的公平和机会平等，并且通过两百多年的逐步完善取得了极大的进展。第五，美国教育的目标在于培养合格的公民。正如英国教育思想家约翰·亨利·纽曼在《大学的理想》一书中所写："如果一定要赋予大学教育一个切实的目标，我的主张是培养社会的好公民。大学教育的艺术就是社会生活的艺术，其目的就是使人适应这个世界。"第六，美国人认为独立思考是他们的教育灵魂，学生必须要敢于质疑一切，学习过程中必须通过独立思考发现问题、提出问题并解决问题，最后得出自己的结论。

（二）美国的课堂

▲ 课堂印象："杂乱无序"

在教室环境方面，美国教室的墙面"杂乱"，通常会贴满各种东西，比如课表、学习方式、名人名言、重要提示、学习方法、知识点等，并且摆放了许多学生小组活动的手工作品。除此之外，班级学生的个人照片和姓名、教师甚至其家人的照片都会被贴在门上或墙上。在课堂上，美国的课堂表现给人的第一印象也是很乱，但仔细观察就会发现，这种杂乱中似乎又蕴含着一种有序。美国学生在课堂上通常会显得格外兴奋，不断地提问，但负责解答的并非仅仅是教师，还有同学。在课堂讨论中，学生可以随时接住其他同学的话题进行探讨，教师负责在旁观察和引导。值得一提的是，美国学生可以根据兴趣随意选择自己喜欢的课程，因此在很多美国学生看来，学习是一件有趣的事。

▲ 课外活动：技能训练

在美国，学习时间和休息时间有着更为明显的分割界线。在日常课余时间和假期，美国学生们会参加许多以锻炼技能和培养团队合作能力为目的的课外活动或群体性社会实践。美国人重视学生身心的全面发展，提倡通过活动锻炼和培养学生的品质。比如美国会举办各种集体性和实践性强的夏令营、冬令营活动。

▲ 课堂评价：形成性评价

在美国，学校对学生的评价关键在于促进学生的全面发展。首先，不给学生排名次，计分制为A、B、C、D、E五个等级，并且学生的成绩只有学生本人和家长知道，而不会直接公布。每位学生的日常表现和活动表现都会被计入评价范围，并且所有的评价都会及时向学生反馈，以此帮助学生不断提高。在学生学期最终评价的权重上，通常平时成绩在总成绩的占比较高，尤其是在一些注重实践的课程上，平时成绩的权重占比更高。

▲ 学科门类：一人几科

在美国，从小学到高中，一位教师可以负责几门不同学科的教学工作。但这并非美国缺少教师，主要原因在于许多教师具备同时传授多门学科的能力和精力。并且美国希望通过这种方式在基础教育阶段就逐步淡化学科间的界限，比如美国学校会把物理、化学、地理、生物统称为科学课。这样的教学安排有利于学生进行学科关联，形成知识网络，并且对于学生未来进行跨学科学习有着至关重要的作用。

二、新加坡的教育

新加坡是一个城市国家，要在多元、多边、多变的21世纪生存发展，培养学生具备未来的核心素养和技能至关重要。新加坡的教育体系相对较小，约有45万名在校生，369所学校，教职员工约33000人。它在一个国土面积只有720平方公里、人口550万的小国，建立了以世界标准衡量的紧凑教育体系。

新加坡是一个考试竞争激烈的国家，同时他们十分重视培养学生的能力、情感、价值观。新加坡每一所学校都很重视各种体育、艺术活动，高质量地完成各种体艺课程辅导活动，许多体育专业教练和国家艺术团体的专业人员，都参与到教学活动中来。在课堂上，新加坡有丰富的项目式学习活动，他们重视上好每一节课，工艺课、音乐课、美术课，更注重实践、注重在生活中发挥每一个人的创意。

（一）新加坡教育发展历程

新加坡1965年建国，在国家发展进程中，随着社会的不断变化和观念的不断更新，新加坡政府不断调整教育政策。新加坡政府的教育理念是教育面向每一个儿童，帮助学生发现他们自己的特长，激发他们所有的潜力，培养学生终身学习的热情。教育目的是培养学生自主创新的思维方式，为未来准备好解决问题和创造新机遇的能力。同样重要的是，教育要帮助学生获得良好的价值观、拓展他们的性格优势，以面对未来的挑战。国家教育的目标是培养学生强健的体魄，发展学生对家庭、社区和国家深厚的归属感和使命感。

托马斯·斯坦福·莱佛士爵士于1823年创办了新加坡学院（现称为莱佛士学院），从而开启了英国统治下的新加坡教育。后来，新加坡出现了三种主要类型的学校：马来语学校、中文和泰米尔语学校以及英语学校。马来语学校由英国人免费提供给所有学生，而英语学校则由传教士设立，以英语为主要教学语言，并收取学费。中文和泰米尔语学校主要教授各自的母语。尤其是中文学校的学生对中国的发展，特别是中国民族主义的崛起极为关注。

第二次世界大战期间，新加坡的许多学生辍学，导致战后出现了大量的学生积压。1947年，新加坡制定了《新加坡殖民地教育政策十年计划》。这要求建立一个普及的教育系统，为自治做准备。在20世纪50年代和60年代，当新加坡开始发展自己的经济时，新加坡采用了"生存驱动型教育"体系，为新加坡的工业化计划提供熟练劳动力，并降低失业率。除了经济上的需要外，教育也有助于与国家的融合。学校的双语政策于1960年正式推出，使英语成为国家融合和功利目的的官方语言。面向所有种族和背景的儿童的普及教育开始形成，更多的儿童开始上学。然而，这一时期建立的学校的质量有很大差异。

20世纪80年代，新加坡的经济开始繁荣，新加坡教育系统的重点也从数量转向质量。对具有不同学术能力的学生实行了更多的区别对待，比如新的技术学院改革职业教育，并将中学的普通班分为普通（学术）班和普通（技术）班。还设立了资优教育计划，以满足更多有学术倾向的学生需求。

1997年，在当时的新加坡总理吴作栋提出"思考的学校，学习的国家"的愿景后，新加坡的教育系统开始转变为以能力为导向的系统。在这一政策下，人们更加重视国民教育、创造性思维、协作学习以及信息通信技术知识。学校变得更加多样化，在决定自己的课程和发展自己的优势领域方面获得了更大的自主权。各种学术流派之间的差异变得模糊。新加坡教育部也正式承认，"卓越"将不单单以单一学术来衡量，卓越的山脉会有更多的山峰。

（二）新加坡教育制度的成功经验

新加坡这样一个小小的国家，能够在亚洲有自己的立足之地，我觉得是跟它的教育分不开的。对于新加坡而言，人是它们唯一的资源。所以新加坡的教育就无比注重对人的改变。如果说要用一个字来总结新加坡的教育，我会说它就是“变”，或者是“新”，新加坡永远求新求变。我的研究生学校校长陈永财教授接受采访时曾说：“我们现在人类的知识可能五年就要更新一次，所以他们推出了一个普惠所有新加坡公民的计划，那就是让公民一辈子当中，不断地有机会能够去更新自己的知识，到大学里面重新去学习，再学习，再改造自己，让新加坡的整体国民水平得到进一步提升。”所以新加坡的所有国民的综合素质是非常高的，而且平均教育水平也是非常高的，这也是我选择离开美国到这里攻读研究生的主要原因之一。因此新加坡的教育有很大的借鉴意义。

▲ 明确的教育方向

新加坡教育的目标是帮助学生发现并充分利用自己的才能，帮助他们充分发挥潜能，并培养终身学习的热情。

新加坡教育不仅仅聚焦教育产生的结果，还注重学生不断发展带来的结果。

当师生、家长、社会在认识上、理念上、理想上达成一致的时候，学校的发展步伐犹如一只步调一致的龙舟，迅速前进。

▲ 不断进步，终身学习的教育理念

新加坡以“不断进步，终身学习”为教育理念，并建立了持续改进的机制。世界上没有完美的系统，但在许多地方都有卓越的表现，关键是如何使它们适应当地情况并很好地实施。新加坡广泛使用国际基准作为改善和提升教育价值链的工具。它鼓励校长研究其他地区的创新，并探讨如何将其应用于新加坡学校。

▲ 环环相扣的系统化办校

新加坡从整体上注重教育系统，高度重视实施的细节，寻找方法以实现更大的一致性，并使所有部门协同工作，对于在课堂上取得成果至关重要。

▲ 高素质的教师培训

高素质的教师和学校领导者已成为教育的基石，是其高性能的主要原因。

培训：专注于培养优秀教师。在新加坡，他们每年接受100小时的培训，以掌握最新技术。

绩效评估：教师的绩效评估，每年由许多人针对16种不同的能力进行评估。

职业发展：教师经过三年的教学，每年都会对教师进行评估，以查看最适合他们的职业发展途径。

领导力的选择和培训：新加坡清楚地认识到高质量的教学和出色的学校表现需要有效的领导者。关键不仅在于培训计划，还在于识别和发展人才的整合方法。在新加坡，青年教师会被不断评估其领导潜能，并有机会展示和学习。

▲ 应试与素质教育相结合的教学模式

关于学术课程和课外活动，新加坡做出了明确的划分：学术课程主要是为了学术发展；学生通过课外活动与同伴一起发展性格和生活技能。学术课程和课外活动同等重要。学校可以自由尝试创新的跨学科课程。新加坡创意课程的两个部分：学生必须扎实地学习传统知识。然后，他们必须学习不被传统知识所束缚，以便适应和创新。基础知识至关重要，每天十分钟的基础算术练习，直到学生掌握了它；但重要的是要进行有意义的练习，将基础算术运用到实际生活中理解并运用。精通一门学科对于在任何专业领域中脱颖而出仍然至关重要。关于新加坡对更广泛课程的要求，有时会认为不注重对基础知识的了解，实际上，新加坡正在根据其所需的知识追求具有创造性的、批判性的课程。

在应试教育与素质教育同样重要的大背景下，新加坡教育的成功，不仅需要先进的教育理念、高素质的教师团队、开放式的校园环境，最重要的是以学生为本，让学生们领悟正确的学习方法，会思考，才能快乐地学习。

▲ “学思”平衡的教学方法

让孩子们举一反三，收获智慧。当孩子还小的时候，他们的思想非常活跃，经常会问一些稀奇古怪的问题。可长大后的他们，就不再像儿时那么地奇思妙想，变得越发沉闷。其中很大一部分原因就是他们把学习仅仅当成掌握知识，却不思考，不主动研究其中的道理，慢慢地孩子们就失去了思考的能力，失去了快乐学习的能力，学而不思。

与此相对应的一种教育就是“思而不学”。当教育一味地强调学习方法和思考，而不去进行实实在在的学习和钻研，则终究是沙上建塔，一无所得，让学习成了“无本之木，无源之水”，成了毫无意义的空谈。

成功的教育中，要让孩子们爱学习，才会进一步思考，主动去探究，知其然知其所以然；因为会思考，才主动学习和掌握知识，寻找问题的答案，从而让学习达到事半功倍的效果。

新加坡的教育家认为孩子们的学习过程就是学与思的不断反复，通过体验式学习和实践，在生活、学习中获得举一反三的能力，进而收获智慧。

孩子们在学校学习犹如骑自行车前行，在行进的过程中，他们会遇到平坦的路面，也会遇到凹凸不平的路面，会遇到上坡，也会遇到下坡，会遇到阳光晴朗的天气，也会遇到雨雪天气……学校教育的意义就是让孩子们在骑行的过程中，不管遇到什么样的状况和问题，都能将学与思相结合，都能运用所学的知识和拥有的智慧，正确、从容、自信地应对。保证自行车在正常行驶的情况下，还能欣赏沿途多姿多彩的风景，心怀对未知的憧憬。

三、我眼中好的教育

对于很多事情，我的态度都是“适合的”才是“好的”。比如在前面章节里讨论父母的养育方式时，我父母的养育方式其实并不是专家们提出的最好的最权威的养育方式，但是因为他们的方式适合我，所以我也长成了独立、开朗、善良的模样。又比如我提到的本科时期转学转专业的事，很多人都劝我说这样那样的专业更好，但是我知道教育学适合我，那么教育学对我来说就是好的专业。

教育可以影响世界，也可以影响一个人，增加人们获得高质量教育的机会，最有可能改变一个人、一个社区和整个社会。投资教育有不可否认的好处：它减少了性别差异，加强了经济增长，促进了和平，并使人们摆脱了贫困。

然而，由于不同的国家有不同的教育方法，所以很难建立一个可以称为理想的教育体系，满足全世界对“伟大的教育体系”的需求。比如本节提到的美国和新加坡的教育，也许它们不是最好的教育，但一定是符合自身国情的教育，因此在我眼中，“适合”的教育才是最好的教育。然而，什么是成功教育体系的关键，这一话题在现代社会始终是一个有争议的问题。很明显，有多种因素影响着教育过程，几乎很难确定哪一个方面是主要导致成功的教育因素。

（一）所有学生之间的公平和平等

联合国数据显示，全球有2.58亿人失学，占全球儿童、青少年和青年的17%。在发展中国家，这一比例要高出许多：在撒哈拉以南非洲为31%，在中亚为21%，而在欧洲和北美，这一比例仅为3%。发展程度较低的国家相比发达国家学生在校学习的表现差异更大。

教育不公平也许是全世界面临的最严重的教育问题。教育不公平由多种原因所致，包括就学机会、辍学率，尤其是学习表现上的差异，将产生不同的结果。就全球而言，这些差异与各个国家和地区的发展水平相关。在个别国家，就学机会与学生的整体福祉、社会出身和文化背景、家庭语言息息相关，甚至在某些国家/地区还与性别相关。尽管全球在校生的绝对人数和相对人数有所增长，但最富有和最贫穷的人群以及农村和城市地区之间的差异并未缩小。与许多国家有所不同的是，我国虽然原本也有教育不平衡、不充分的社会矛盾，但是随着我国不断加大对薄弱地区的资金投入力度，改善软硬件建设水平，现已实现义务教育的基本均衡发展，不仅能够做到教育平等（向每个公民提供更多的资源），也能够做到教育公平（给最需要的公民提供更多的资源），并且转而将工作重心向更优质、更均衡的方向发展。

（二）友好的环境

学生在学校有时可能会感到不舒服和不快乐，原因有很多：同学的压力，太多的家庭作业，紧张的考试，无聊的课程，教师过于严厉等。因此，学校应该集中精力在学校里培养一种信任和舒适的气氛。重要的是向学生灌输这样的信念：他们可以信任自己的老师，如果需要帮助，可以直接寻求老师的帮助。如果学生不确定他们应该走哪条发展道路，应该能够得到教师的帮助和引导。

学校的可持续发展目标应该是为学生建立一个友好和健康的环境。这将有助于学生在最好的环境中学习和实践，并与其他同学进行健康的教育竞争，从而促进他们取得最佳的学业成就。

（三）教师的专业性

由于学生学习过程由教师的教学方式和教学安排决定，因此，确保教师具有较高的教学水平和专业能力是极为关键的。教师的专业程度不仅取决于他们的专业知识，还取决于他们是否愿意与学生合作并理解学生，具备师生互动的能力，找到接近学生并理解学生的方法，并为学生创造展示自己的创造力和技能的机会，在课堂上创造一个舒适的环境。

一个优秀的教师将是一个成功的领导者，他可以用自己的影响力激励学生，并为他们提供一个良好的学习榜样，使学生能够取得更好的成绩。教师也不可以偏袒任何学生，对课堂上发生的所有情况都应保持中立和客观的态度，避免对学生造成心理伤害。

（四）减少学生负担

教师应该给学生布置少量的家庭作业，而不是给学生布置太多。学生在学校度过漫长而疲惫的一天后，几乎无法思考家庭作业，就很难找到完成作业的动力。如此大量的家庭作业是无效的，因为孩子们在学校获得足够的知识后，在家里并不能理解信息。

家庭作业应该是一种额外的活动，帮助学生更有效地记忆和温习材料，但没有必要让他们为解决一个困难的问题而奋斗。减少家庭作业会提高学生在课堂上的学习能力，因为他们会有更多的精力，使他们能够更好地感知老师提供的课程。而我国双减政策的公布并落地以来，使我国在校外机构治理、作业管理、课后服务和课堂教学等方面有据可依，并且有极大的改观，极大地减少了学生的课业负担，正式迈出教育提质增效的第一步。

（五）将新技术应用到课程中

在现代世界，新技术在教育领域发挥着重要作用。学校应该让学生练习和熟悉新技术，这样以后他们去应用新技术和现代技术的大公司工作就容易适应。新一代的学生已经习惯于在日常生活中使用他们的移动设备，因此，在新技术的帮助下，他们在整个学习过程中会更加安心，这可能会使学习过程更加高效和有趣。

学生们会发现，把课本放在笔记本电脑或平板电脑上，比把沉重的书本带到学校要方便得多。新技术提供了大量的可能性，使学习过程更具互动性，并使学生参与到更有成效的工作中。

总之，以上这些都是可以改善教育系统的东西。我认为，关键是要建立一个环境，让孩子们感到压力不大，可以自由地做自己，无论他们的背景如何。一个好的教育系统应该建立在心理舒适和平等的基础上，所有的教师都尽职尽责，帮助并引导每个学生找到适合自己的学习方法，为所有学生提供有效的沟通，解决学习过程中可能出现的问题。

第七节　注重能力的教育评估系统

在过去，虽然学生评估在学校普遍存在，但是提起对学生进行“评估”或“评价”，我的第一反应就是将其等同于对学生进行学科知识相关的“考试”。直到在美国开始了教育实习，我才意识到学科知识考试仅仅是学生评估中很小的一部分，学生评估更深刻的意义是对学生的各项能力进行评估，以衡量学生是否已具备进入更高等教育或者是社会的必备知识和技能。为此，世界各国的学校也逐渐转向了以能力为基础的教育模式，即侧重于学生展示期望的学习成果，关注学生以个人的节奏、深度等方式完成课程的进步。而这种评估背后的总体思路是，它为学生和家庭提供有关学生表现的具体反馈，从而可以更清楚地了解随着时间的推移，学生所获得的进步和技能。

一、国际学生评估项目（PISA）

（一）项目介绍

国际学生评估项目（PISA）是由经济合作与发展组织（OECD）发起的一项国际评估活动。经合组织对占世界经济总量90%的65个国家进行研究。经合组织教育组织发现，学生在数学和科学方面的成绩是未来经济健康的一个良好指标。该项目每三年对15岁学生的阅读、数学和科学素养进行测试，测试的内容包括学生在这三个方面的批判性思维。不仅评估学生是否能够再现知识，而且评估他们是否能够从所学的知识中推断出来，并在新的情况下应用他们的知识。它强调对过程的掌握，对概念的理解，以及在各种类型的情况下发挥作用的能力。项目的首次评估在2000年进行，每个周期的主要研究领域在阅读、数学和科学之间轮流进行，还包括对一般或跨学科能力的测试，例如合作解决问题。根据设计，该评估强调学生在接近义务教育结束时获得的功能性技能。在最近一次公布的评估结果（2018年）中，该项目将阅读作为主要评估领域，数学和科学作为次要领域，并且首次将全球能力作为一个创新领域进行评估。

国际学生评估项目是目前十分全面和严格的国际项目，用于评估学生的表现，并收集有助于解释表现差异的学生、家庭和机构因素的数据。关于评估的范围和性质以及要收集的背景信息的决定是由参与国的主要专家做出的，并由各国政府在共同的政策驱动的利益基础上共同指导。大量的努力和资源被用于实现评估材料在文化和语言上的广泛性和平衡。该项目的独特之处包括：

◇政策导向。将学生的学习成绩数据与学生的背景和学习态度，以及影响他们校内和校外学习的关键因素联系起来，从而有效地确定表现良好的学生、学校和教育系统的特点。

◇创新的“素养”概念。重视学生在各种情况下发现、解释和解决问题时应用知识和技能，以及有效分析、推理和沟通的能力。

◇与终身学习相关。国际学生评估项目要求学生报告他们的学习动机、他们对自己的信念，以及他们的学习策略。

（二）评估框架——阅读素养

阅读素养和能力的定义随着时间的推移而改变，反映出社会、经济、文化和技术的变化。阅读不再被认为是一种只在儿童时期接受学校教育时获得的能力。相反，它被视为一套不断扩展的知识、技能和策略，个人将通过与同龄人和更广泛的社区互动，能够在各种背景下终生积累。国际学生评估项目在对学生阅读素养进行评估时，将其定义为“理解、使用、评价、反思和参与文本，以实现自己的目标，发展自己的知识和潜力，并参与社会”，并通过涉及各种问题来评估学生的阅读表现。

◇过程。该项目对学生进行评估时并不在意最基本的阅读技能，因为他们默认大多数15岁的学生都会掌握这些基础技能。相反，他们希望学生展示他们在定位信息方面的能力，包括在一篇文章中获取和检索信息，以及搜索和选择相关文本；理解文本，包括获得文本字面意义的表述和构建文本的综合表述；以及评价和反思文本，包括评估其质量和可信度，以及反思内容和形式。

◇文本。国际学生评估项目同时使用单一来源和多种来源的文本；静态和动态文本；连续文本（以句子和段落组织）；非连续文本（如列表、表格、图形或图表）；以及混合文本。

◇情景。这是由构建文本的用途所决定的。例如，小说、个人信件或传记是为人们的个人使用而写的；官方文件或公告是为公众使用的；手册或报告是为职业使用的；而教科书或工作表是为教育使用的。由于有些学生在一种阅读情况下的表现可能比另一种更好，所以测试会包含一系列的阅读情况。

（三）评估框架——数学素养

对数学的理解是年轻人为现代社会生活所做的准备的核心。在日常生活中，我们会遇到越来越多的复杂问题和情况，包括在专业背景下，都需要对数学、数学推理和数学工具有一定程度的了解，才能充分理解和解决。因此，了解刚从学校毕业的年轻人在多大程度上为应用数学以理解重要问题和解决有意义的问题做好了充分的准备是很重要的。在15岁接近义务教育结束时进行评估，可以及早了解个人在以后的生活中可能遇到的涉及数学的各种情况。

国际学生评估项目将数学素养定义为“学生在各种情况下提出、制定、解决和解释数学问题的解决方案时，有效分析、推理和交流思想的能力”。这种数学素养的概念支持了学生对纯数学概念的深刻理解，以及在抽象的数学世界中进行探索的好处，强调了要培养学生在情境中运用数学的能力，而要实现这一目标，学生在数学课堂上拥有丰富的经验是非常重要的。因此国际学生评估项目通过以下相关问题来评估学生的数学成绩：

◇过程。国际学生评估项目定义了三类过程：以数学方式提出情况；运用数学概念、事实、程序和推理；以及解释、应用和评价数学结果。它们描述了学生如何将问题的背景与所涉及的数学联系起来，从而解决该问题。这三个过程分别借鉴了七种基本的数学能力：交流；数学化；表达；推理和论证；制定解决问题的策略；使用符号、形式和技术语言及操作；以及使用数学工具。所有这些能力都来自于解决问题的人对个别主题的详细数学知识。

◇内容。这个方面的测试包含四个概念（数量；空间和形状；变化和关系；以及不确定性和数据）与熟悉的课程科目（如数字、代数和几何，以重叠和复杂的方式相关）。

◇情境。这些会涉及学生世界中的环境，问题也会从这类模拟情境中提出，往往会涉及四个背景：个人、教育、社会和科学。

（四）评估框架——科学素养

科学素养是通过广泛而实用的科学教育发展起来的。因此，在这个框架内，科学素养的概念既指科学知识，也指基于科学的技术。然而，科学和技术的目的、过程和成果方面各不相同。技术寻求人类问题的最佳解决方案，并且可能存在不止一种最佳解决方案。相比之下，科学寻求关于自然物质世界的特定问题的答案。科学素养不仅要求了解科学的概念和理论，还要求了解与科学探究有关的常见程序和做法，以及这些程序和做法如何使科学取得进展。因此，具有科学素养的人了解构成科学和技术思想基础的主要概念和想法；这些知识是如何产生的；以及这些知识在多大程度上被证据或理论解释所证明。由于以上原因，科学素养被认为是一种关键的能力，且被定义为互动地使用知识和信息的能力。

国际学生评估项目将科学素养定义为作为反思型公民参与科学相关问题和科学理念的能力。具备科学素养的人愿意参与有关科学和技术的合理讨论，需要具备科学地解释现象、评估和设计科学探究以及科学地解释数据和证据的能力。国际学生评估项目通过以下相关问题来评估学生在科学方面的表现：

◇背景。这些问题包括个人、地方、国家和全球问题，包括当前和历史问题，需要对科学和技术有一定的了解。

◇知识。这个方面是对构成科学知识基础的主要事实、概念和解释理论的理解。这种知识包括对自然界和技术人工制品的知识（内容知识），对如何产生这种想法的知识（程序知识），以及对这些程序的基本原理和使用理由的理解（认识论知识）。

◇能力。这些能力指科学地解释现象、评估和设计科学调查以及科学地解释数据和证据的能力。

（五）项目意义

由于国际学生评估项目的评估结果显示出高排名与经济成功具有一定的相关性，因此研究人员得出结论，该评估结果是衡量学校系统是否能够让学生为21世纪的全球知识经济做好准备的指标之一。

高薪工作和高利润行业需要能够进行批判性思考、连接思想和跨国界工作的员工。富裕国家不再需要大量劳动力来执行琐碎的任务，但学校系统历来缓慢且难以改变。每三年收集一次的评估数据能够在多个方面展现作用。它揭示了高绩效学校系统之间的共同模式。同样，数据还显示，进步最大的学校系统在改革过程中的不同阶段使用了共同的策略。值得一提的是，国际学生评估项目的实施使一些国家的教育系统呈现出更快的转变，因为在这些国家，成功的教育改革原本需要花费至少数十年的时间。

这些数据也被用于制定基准。成功的学校系统有许多内部措施，但如果没有更广泛的教育数据和统计，教育学者就很难确定什么是真正的“好”。国际基准显示了教育的真正可能性，可以成为全世界改革的健康推动力。

二、智能平衡评估联盟（SBAC）

（一）项目介绍

智能平衡评估联盟（SBAC）是一个获得美国政府资助的学术评估系统，旨在振兴美国的教育系统并帮助美国在国际上进行有利竞争。该评估系统被广泛描述为代表“下一代”学术成就的评估。智能平衡评估联盟会对3~8年级学生在未来进入大学和职业生涯时取得成功的关键能力进行评估。评估的计算机自适应格式和在线管理提供了有意义的反馈，教师和家长可以使用这些反馈来帮助学生取得成功。

（二）评估框架

智能平衡评估联盟系统由三个要素组成：形成性资源、总结性评估和中期评估。总结性评估有助于评估数学和英语语言艺术的州共同核心标准。它们被用来衡量学生的成长和学术成就，确定他们是否为职业和大学做好准备，并提供问责制所需的信息。总结性评估每学年进行一次，特别是在该学年的最后十二周进行。它们包括绩效任务和在每个学年结束时进行的评估，包括结构化回答、技术强化任务、选择回答问题、简短构建回答和任务。而表现任务可以在项目中展示学生的分析和写作能力，这些不同的项目都包含在总结性和中期评估中。智能平衡评估联盟系统的四个主要评估方面为阅读、写作、数学和科学，其评估内容为：

◇阅读评估涉及单词识别、词汇、初步理解、分析和解释。理解力是使用文学和信息文本来衡量的。

◇数学评估涉及数字和运算、几何和测量、函数和代数以及数据、统计和概率。

◇写作评估涉及多种写作类型，包括叙事、信息写作以及对文学和信息文本的回应，还评估了写作惯例和写作结构。

◇科学评估涉及四个领域：生命科学、物理科学、地球空间科学和探究。

在某些特殊情况下，学生有可能重新参加评估，由于这是在评估管理方面出现的异常情况，需要得到当地教育官员的批准。另一方面，中期评估是"智能平衡评估联盟"的可选内容，它们是计算机自适应的绩效任务。并且中期评估也可以在整个学年内使用，在综合评估和内容集群评估中进行。与学年结束时进行的总结性评估一样，综合评估可以帮助衡量学生的成绩和成长状态。内容集群评估倾向于基于有限的标准来为专业发展和指导提供信息。

按需提供资源和工具是智能平衡评估联盟评估系统的另一个可选元素。它们促进和支持形成性评估过程。这是一种有计划的、经过精心设计的教育实践，用来提供实际反馈。教师利用它来相应地改变教学方法，以满足学生的需求并加强学生学习。该评估系统的资源保存在一个数字图书馆中，数字图书馆是一个在线应用程序，其中包含与通用核心州标准相关的资源，供具有不同兴趣、目标和专业学习需求的教师使用。此外，数字图书馆拥有联盟各管理州教师提供的充足教学和学习资源。该数字图书馆鼓励智能平衡评估联盟的不同受益者通过社交网络功能进行自由互动和联系，使他们能够对资源进行评级，并与该联盟所属各州的其他教师分享他们的知识。目前来自智能平衡评估联盟各州的约2000名教师已经聚集在一起，来评估和确定将被添加到数字图书馆的最佳资源。

智能平衡评估联盟提供了一些超越形成性评估的材料和工具，使附属州能够顺利过渡到共同核心和新评估系统。有几个州合作成立了实施共同核心标准（ICCS），帮助支持成员州进行向州共同核心标准过渡。实施州共同核心标准的附属机构每年举行三次会议，讨论和分享对幼儿园至12年级学生至关重要的实践和政策。这些包括指示说明、课程以及专业评估和发展。此外，加入智能平衡评估联盟评估系统的州不会被收取实施智能平衡评估联盟涵盖的州共同核心标准的会员费，以帮助他们轻松实施该倡议的基本内容。

（三）项目意义

智能平衡评估联盟系统采用计算机技术为学习者、教师和家长提供在线资源，并开发技术增强项目，以提高教与学的有效性。家长和老师可以在线访问指南资源和成绩报告，这使他们能够更好地了解孩子在特定领域和科目中取得的进步。此外，这使他们能够为接下来的教学工作进行必要的调整。并且智能平衡评估联盟拥有一个数字图书馆，为各种利益相关者提供教学模型和专业资源，来自不同地区的教师都可以分享知识和想法，并携手设计满足学习者需求的教学任务。

该系统将形成性和总结性评估结合起来跟进和检查学生的学业进展情况，确保他们为接受高等教育和职业做好准备。总结性评估是高风险的评估，因为它们无法准确衡量学习者的学术进步。出于这个原因，应该采用各种类型的形成性评估，如向学生提问、基于课堂的活动等来解决这个问题。教育者可以依靠数字形成性评估中的及时反馈来思考他们的教学技术和过程。反过来，这将帮助他们及时调整，并帮助学习者评估他们的进步。

第八节　我所学到的教育意义

教育不是为生活做准备；教育就是生活本身。

——约翰·杜威

在前面章节提到过我是个很爱玩耍的人，我的父母也是很支持我玩耍的父母。这其实是因为我父母认为我可以从生活中所做的一切事情中学到知识，包括娱乐玩耍。他们认为学习就是在生活里，它可以随时随地发生，而不仅仅在学校里。学习可以通过多种方式进行，包括看电视、读书、和宠物玩耍，或者只是与新朋友交谈。教育，也是如此。教育和学习一样，是一个永远不会完成的过程。从我们出生开始，一直持续到我们死去。这是一个不断成长的过程。教育不仅是关于获取知识、技能和价值观，而且是关于个人发展，所以教育也不应该仅仅被定义在学校，它可以出现在我们生活中的每一个瞬间。不过，一直令我反思的是，“教育”和“生活”到底是怎样一种关系？

一、杜威“教育即生活”理论给我的启示

美国教育家约翰·杜威说过：“教育不是为生活做准备，教育就是生活本身，两者本来就是一个有机的整体。”杜威的“教育即生活”理论真正强调了教育在生活中的重要性，它们确实是相互关联的，而不是分开的。教师有责任提供一种教育体验，激励学生发现自己隐藏的潜力并努力提升自己。这对幼儿来说尤其重要，因为他们与生俱来的学习能力和杜威的理论相结合，可以解释他们惊人的潜力。从杜威的理论中，我们能提炼出两个观点：一是教育不应是一种让学生成为一个待填满的桶，教学过程也不是枯燥乏味的灌输学生大脑的过程，相反，学生必须参与其中，并意识到学习的内容与他的生活息息相关；二是教育是一个漫长的过程，教师和学生都应该将教育看作是在课前和课后进行的事情——并贯穿一生。

杜威指出，教师需要明白学生解决问题的思维是产生于问题解决的过程之中的，要经历五个必要的步骤：第一，要建立一个真实的经验情境；第二，根据情境提出问题；第三，通过观察和广泛搜集资料提出解决问题的所有假设；第四，分辨哪种假设能够真正解决问题；第五，实践出真知，检验假设。

因此，每一位教师在教学时，最重要的不是急于把知识灌输给学生，而是把问题通过以上五个步骤投射到学生的日常生活中，理论联系实际，激发学生的学习兴趣，使学生在学习中发现问题、提出问题，最后解决，这样的过程才是学生的自主学习，而不是为了应付教师的要求。

（一）从生活的需求来审视教育的本质

中国新修订的课程标准在这一方面有着明确的体现，在标准中，每一个学科的设立与课程安排，不仅体现生活中的实际需要，而且试图通过课程学习帮助学生学习成长所需要的相关技能。因此教师在备课时，要做好教学设计，预设的教学目标绝不能仅限于让学生记住公式或知识，或者学生能够利用公式和知识解决哪些试题，而是要充分地挖掘学科知识背后所呈现出的生活需求，从生活的需求来审视教育的本质，建立在生活需求之上的教学才会有生命的活力，才能在最大程度上激发学生学习的动力与兴趣。

（二）从成长的需要来优化育人的策略

每一位一线教师面对繁重的教学压力，很难有精力将所有高深的教育理论都学懂、学透，但作为一位老师、一个成年人，必须要思考在未来的生活中什么是学生需要的核心素养，什么是学生必备的生活技能，从学生成长的需要来进行教育规划和设计，实行教育策略才有更强的实用性和科学性，这样的教育方式对学生的发展有着至关重要的作用。比如，在引导学生理解掌握知识的同时更要让他们掌握学习的方法和技能。对学生的未来而言，应该将学习的能力、个人素养的提升放到与知识的记忆和掌握同等重要的位置上。如果每一位教师都能保持时刻关注学生日常生活习惯、关注学生成长的需要去设计教育策略的话，教育就会更加实用、更加丰富、更加完整。

（三）学以致用让学生激发学习兴趣与潜能

俗话说“实践出真知”，学以致用是有效学习的最高境界。教育的过程应该力求让学生在课堂之余，能够有更多的机会进行创造与实践，更能将学习延续到生活中去。在我看来，当学生感受到学习的知识有用，并且发现生活中很多问题都可以通过学习到的新知识来解决的时候，教育的魅力就会得到足够的彰显，能够最大限度地激发学生学习的兴趣与潜能。

二、陶行知的“生活即教育”

陶行知是中国伟大的教育家，他把自己的一生都献给了教育事业，为中国教育的现代化做出了开创性的贡献。他不仅建立了自己的教育思想，还进行了许多教育实践。生活教育理论是陶行知教育思想的基石，强调为生活而教育，用生活来教育，以及为生活中的进步需要而教育。生活教育理论的三个著名原则是“生活即教育”“社会即学校”和“教、学、做一体化”。其中，“生活即教育”是陶行知理论的灵魂，即教育与人的生活是共生的。“社会即学校”强调要建立一个理想的学习型社会，把整个社会变成一个大学校。“教、学、做一体化”作为该理论的方法论被提出，强调了实践在三原则中的主导作用和从实践中获取知识的必要性。

生活，也就是教育，有三层含义。第一，我们的生活和生活所必需的一切都是我们教育的内容。第二，生活和教育必须一致，否则就不能发挥教育的作用。第三，教育不能脱离生活。它必须与生活联系在一起，甚至与生活融为一体。陶行知强调教育和生活的关系，指出我们提倡生活就是教育。教育不仅源于生活，为了生活，而且还肩负着改造世界的伟大使命。陶行知提出，生命教育要培养学生的生活能力和创造力，培养学生对社会有所作为的意识。对学生来说，参与社会生活主要是通过学校生活和家庭生活来实现。

小拓展

“生活技能教育”的不同活动

如果把生活技能教育作为课程的一部分，对于学生而言会有十分积极的效果。过去的各种研究表明，生活技能可以作为一种培训计划、一种干预方法和一种有助于青少年健康发展的模式来实施。可用于提高学生生活技能的不同活动如下：

（1）课堂讨论

课堂讨论能够为学生提供学习和实践的机会，让他们在尝试解决问题时不断交流，通过思想碰撞使学生加深对主题的理解，能够有效培养学生的沟通合作能力、自信心和同理心等。

（2）头脑风暴

创造一个环境，让学生短时间内快速自发地产生想法。教师帮助和引导学生充分运用他们的想象力，跳出思维定式，提出具有创造性的想法。最后评估学生每个想法的利弊，或根据特定标准对想法进行排序。（针对想法进行排序而非学生）

（3）角色扮演

角色扮演作为一项有趣的活动，能够让全班同学积极主动参与，同时它还提供了练习生活技能的绝佳策略；在教师创设出的模拟环境中，体验如何处理现实生活中的实际问题。

（4）分组活动

当时间有限时，分组进行活动是非常有必要的，因为它最大化了学生的投入，每个学生都在为自己小组的活动目标而努力。允许学生之间的互动，能够更好地了解彼此，这在某种程度上加强了班集体建设，提高学生的团队合作能力。

（5）教育游戏和模拟

教育游戏和模拟促进了有趣的、积极的学习和丰富的讨论，因为参与者要努力证明自己的观点或赢得游戏分数。这种模式要求学生综合运用知识和技能，并让学生在一个相对安全的环境中检验自己的假设和能力。

（6）情况分析和案例研究

情况分析和案例研究作为一种解释社会现象的研究方法，让学生在特殊事件中自由分析和探索，并提出自己的解决方法。在研究过程中，教师也可以让学生进行团队合作，互相分享想法和解决方法，这种研究方式能够培养学生的洞察力、分析能力和解决问题思维能力，并且能够学会以不同的视角看待事物。

三、“教育即生活”和“生活即教育”的异同

（一）强调生活和教育必须联系在一起

杜威和陶行知都非常重视教育与生活的关系，认为学习脱离实际、学生不能学以致用是最大的教育弊端，并试图通过研究来解决这一弊端。在杜威看来，教育应该伴随每个人的一生，不论教师还是学生，在生活中永远都只能是学习者。而在陶行知看来，生活教育是与生俱来的。一个人的生命应该在终身学习中延续和发展。生活和教育并非两个独立的个体，教育必须满足学生的需要，而满足学生需要的教育与生活密不可分。

（二）两种思想都强调儿童个性的发展

杜威的“教育就是生活”强调教育应该丰富人们的生活，使儿童能够适应生活，改善生活。他认为学校生活应该与孩子自己的生活相适应，满足孩

子的兴趣和需求，让校园成为孩子的乐园，让孩子在真实的学校生活中得到乐趣。杜威要做的是改革过时的学校教育和学校生活，使其更有活力，更有利于儿童个性的发展。陶行知则主张通过生活进行教育，他认为书籍和人物只是生活的工具。学校不应该把学生当作笼中鸟，而是应该把学生从笼子里解放出来，让他们成为适应生活和学以致用的人。

四、家庭生活教育

让个人和家庭为生活的角色和责任做好准备并不新鲜。由于有关人类发展、人际关系和家庭生活的知识不是与生俱来的，通过科学的方法将家庭生活的智慧和经验从上一代人传给下一代人。然而，在大多数情况下，个人在观察和参与自己和其他家庭的家庭活动和互动时，会在家庭环境中学习家庭生活知识。

随着社会变得更加复杂，这种关于家庭生活的非正式学习模式变得不充分。新知识的发展，新技术的进步，以及不断变化的社会和经济条件，造成了前几代人的教导不再适合当今社会的情况。在这种情况下，社会必须找到或创造新的方式，使个人为其家庭角色和责任做好准备。这些新方法之一就是家庭生活教育。

（一）家庭生活教育的概述

以北美为例，家庭生活教育是在20世纪初作为一种教育专业发展起来的，以应对当时不断变化的社会条件。城市化、工业化和妇女角色的改变等变化普遍导致了家庭和社会的困难，包括亲子冲突的增加、青少年犯罪、婚姻角色的转变和离婚率的上升。家庭没有做好充分的准备来应对这些变化，家庭生活教育的创始人认为，提供家庭生活教育课程将有助于改善或减少这些和其他与家庭有关的社会问题，从而改善家庭生活和社会福利。

家庭生活教育的目的是加强和丰富个人和家庭的福祉。主要目标包括：（1）获得对自我和他人的洞察力；（2）获得有关人类发展的知识和生命过程中家庭环境的行为；（3）了解婚姻和家庭的模式和过程；（4）获得现在和未来家庭角色的人际交往技能；（5）建立个人和家庭的优势。人们认为，如果通过家庭生活教育实现了这些和其他类似的目标，那么家庭就能更好地处理或预防问题，并有能力以个人满意和对社会负责的方式进行家庭生活。家庭生活教育计划是预防性的，目的是使个人能够胜任其家庭角色，而不是修复家庭功能障碍。

在全美家庭关系委员会主持下制定的《家庭生活教育框架》规定了被认为对家庭生活教育至关重要的九个广泛的内容领域：社会中的家庭；家庭的内部动力；人类成长和发展；人类性行为；人际关系；家庭资源管理；父母教育和指导；家庭法律和公共政策；伦理学。该框架列出了与每个领域相关的最重要的知识、态度和技能，对于不同年龄段的人（儿童、青少年、成年人和老年人），其重点和复杂性各不相同。沟通、决策和解决问题的关键过程被纳入每个领域。

（二）儿童时期的家庭生活教育

在童年时期需要学习的基本家庭生活概念、态度和技能包括：发展自我意识、从错误中学习正确的东西、学习家庭角色和责任、结交和保持朋友、尊重个人和家庭的相似和不同，以及学习做出选择。尽管这些可能是在家庭中学习的，但它们在家庭生活计划中也受到关注，因为有些家庭可能无法或不愿意对他们的孩子进行这些概念的教育，或者他们的努力可能不成功或没有在正确的时间发生。

在美国，大多数儿童的家庭生活教育计划是在学校环境中提供的。该计划通常是围绕个人而非家庭发展来组织的，也就是说，相同年龄或发展阶段的儿童，无论他们的具体家庭情况如何，都要接受相同的教育。这种方法可能适合许多儿童，但也可能无法解决非正常家庭情况下儿童的重要家庭生活教育需求，例如由祖父母长辈抚养或父母意外去世的情况。

20世纪90年代牙买加学校的教育改革将改善家庭和促进家庭健康的教育纳入7至9年级核心课程的几个学科领域，包括社会指导和咨询。现在，牙买加所有进入中学的学生，包括男性和女性，都必须接受这种家庭教育。

澳大利亚中学的人际关系主题可以整合到既定学科领域（通常是健康教育、社会研究或家政学），也可以作为独立学科呈现，例如个人发展、生活技能或人际关系。各州和领地的课程指南各不相同，由于这些指南是“建议性的”，一些家庭生活主题可能很少受到关注。

从2002年开始，公民身份、尊重个人差异和发展良好关系成为英国所有公立学校教授的一门法定科目。从11岁起，向所有学生教授人际关系技能和不同类型的关系，如婚姻和父母关系。虽然公民身份是一门法定科目，但每个学校将决定如何教授内容以及由谁教授。这一课程开发得到了英国其他机构的支持，例如婚姻关怀机构，该机构通过其项目《美好生活的基础》为12至20岁的学生提供灵活使用的教学单元，强调良好的沟通技巧。

第九节　不同的国外文化

几乎每个留学生刚到国外的时候都会见识到不同国家之间的文化差异。比如说我刚到美国时，就感觉到那里的人非常热情，虽然大家是第一次见面，但他们熟络得像多年好友一般。我和同行的伙伴刚刚坐上离开机场前往酒店的车时，司机大哥就非常开心地问我们是不是中国来的，然后和我们聊起了他曾经去中国旅行的事。当我介绍我的家乡成都是熊猫的故乡时，他更加兴奋地说着："天哪！那一定是个非常棒的城市，虽然我没有去过，但是我猜是这样的！"美国人往往都很喜欢且很善于表达自己的想法和情感。我的美国导师也是这样的，她喜欢很多很多有趣的东西。我们上课时分享自己的故事和经历时，她总是非常夸张地表达她的好奇和欣赏，"天哪！这太有趣了"或者是"我从来没听说过这样的故事，我又学到了新的知识！"这与我印象里的教师截然不同，让学生感觉到亲切是教育的重要手段。

我从小并不会时常分享自己的想法，更多的是倾听别人的分享。并且过去我也不爱表达自己的情绪，不会把自己的开心或者不开心表达给别人，但是在开放的自由文化的熏陶下，我也渐渐变得外向活泼。当我去现场看球赛时，我会和邻座不认识的人一起大声欢呼着给自己喜欢的球队加油；当我吃到了美味食堂的甜品时，我会非常兴奋地告诉同学"今天有个甜品超棒"；当我和父母打视频电话时，也不再像从前一样只是分享简单的日常，我会很开心地告诉他们我很想他们我很爱他们。虽然不同国家之间的文化有很多差异，但这并不妨碍我们从任何一种文化中学习它的长处。

一、充满挑战的文化冲击

文化冲击通常被描述为在一个与自己的出生国家习俗不同的陌生地方感到迷失方向、困惑或焦虑。这种情况对留学生来说实属常见：在申请美国大学并抵达校园后，过渡到新环境可能会充满挑战。国际学生在体验新事物或非凡事物时常常会感受到文化冲击，例如第一次在美国餐馆被邀请吃“发霉的”臭奶酪芝士，如同在老北京胡同小店里被邀请喝豆汁。

虽然大多数文化冲击的感觉不会持续很长时间，但在某些情况下，文化冲击会导致孤独、思乡，甚至抑郁。因此如果留学期间正在与文化冲击做斗争，请务必记住，如果陷入迷茫需要找到自己的方向，可以尝试一些渐进的调整策略。

留学生刚到美国时，在许多不同的情况下会感受到文化冲击。除了记住自己的目标和知道自己并不孤单之外，重要的是了解文化冲击的症状和阶段，这样就不会导致更严重的问题，如抑郁症或成瘾。越了解自己的感受，就越能为平稳度过文化冲击做好准备。

（一）文化冲击的常见症状

我的本科和研究生留学国家分别为美国和新加坡，由于新加坡是亚洲国家，风俗习惯相比美国更易接受，再者经过美国本科的文化冲击，我的适应力有了极大的提升，所以在新加坡留学期间，我很快就顺利地融入这个国家，因此这里我主要介绍留学美国会带来的文化冲击。

1.悲伤

感到悲伤是文化冲击的常见症状，尤其是在最初抵达时的兴奋感消失之后。适应一个新国家的语言、食物、文化规范和规则可能需要时间。小小的不适可能看起来难以承受，离开你的国家和所依赖的家人朋友可能使这种变化成为一种挑战。

留学生在美国面临文化冲击，以及随之而来的悲伤，是非常普遍的。事实上，这是一种对亲朋好友和故土分离的健康心理反应，对这一心理反应的认识可以帮助你解决和克服在美国的文化冲击的影响。提醒自己，几乎每个在国外生活的人都会时不时地经历悲伤的感觉，这非常正常。

2.失眠

失眠也是文化冲击的一个常见症状。它是一种生理反应，由于巨大的焦虑和情绪，以及时差的难以适应和对气候的不熟悉，使人难以入睡。

拥有良好睡眠的一些技巧是保持一个稳定的睡眠时间表；通过冥想、写日记或睡前阅读来平静你的心灵；避免在白天小睡。在身体上保持活跃，保持积极的心态，并相信随着时间的推移，适应新的生活方式会变得更容易，这些都有助于你的睡眠。

3.易怒

在开始新生活的最初兴奋感消失后，文化冲击除了会使留学生悲伤以外，通常还会表现为对一切都感到愤怒和烦躁。更会感到犹豫不决，不愿意让自己沉浸在新的文化和校园生活中。学习不同的观点和接触不熟悉的行为可能会带来不舒服的感觉，需要一些时间来适应，这很正常。

学习可能会耗费大量的体力和情感，路可能会感到焦虑和紧张，与当地人的互动可能显得不友好，以及在与第二语言斗争后的怨恨情绪等这些都会导致情绪的不稳定、愤怒和暴躁。要提醒自己时刻谨记，学习和接受文化差异是旅程的一部分。尝试用包容的心态了解国外文化能够帮助我们缓解这一阶段受到的文化冲击。当我们越了解当地行为和规范的背景，我们就越容易适应和调整。通过避免广泛的假设（对任何人的表现疑神疑鬼）和理性判断，我们应该对留学国家持开放和接受的态度。

4.乡愁

想家是留学生在美国文化冲击的一个重要部分。第一次远离朋友、家人和熟悉的环境可能会使人情绪低落。有很多方法可以让自己感觉到与家人和家的亲近，寻找有熟悉菜肴的市场或餐馆或让家人从祖国运送不易腐烂的食物，这些都可以帮助缓解思乡之情，特别是在最初的几个月。同样重要的是，要认识到思乡是与家人长期分离的一种自然反应。利用社交媒体与家人保持联系，并保持积极的态度，将有助于留学生享受自己的留学生活。

（二）文化冲击的各个阶段

1954年，加拿大人类学家卡莱尔沃·奥博格首次定义了“文化冲击”一词。以下是它的四个阶段，以及每个阶段可能对留学生产生的影响。

1.蜜月期

在蜜月期，留学生能够感知到的文化冲击极小。因为当留学生刚到美国时，一切都令人感到很新鲜和兴奋。生活在一个新的环境中，品尝不同的食物，认识不同的人，这是一个愉快的开始。留学生感到热情高涨，几乎没有注意到他们的负面情绪。这个阶段通常持续几周或几个月。

2.危机期

在这个阶段，留学生的文化冲击症状开始出现。一旦蜜月期过后，留学生可能会感到烦躁、悲伤或想家。在理解标志、手势和语言方面的困难导致沟通不畅：在错误的巴士站或车站下车，看错菜单或丢失物品，这些文化冲击的例子可能使留学生感到沮丧和不舒服。保持冷静，意识到自己的感受是合理的，并知道自己在这个过程中并不孤单，支持自己度过危机阶段。可以通过以下做法了解和管理自己的情绪：

记录自己的想法和感受；

写下自己当天学到的新东西；

与朋友分享自己的担忧；

通过回忆自己的目标来激励自己。

3.恢复期

一旦危机期过去，学生开始理解他们正在经历的变化。他们开始熟悉周围的环境，校园内外的路线，标志和手势，以及文化的变化，如美国俚语。

融入班级，遵守常规，结交朋友，参与大学和社区活动，能够帮助留学生完全进入大学生活。这可能并不容易，会在许多方面受到挑战，或许还会让留学生感到不知所措。然而，在这一时期，留学生可能会对自己的能力、环境和资源有更清楚的认识，以应对未来的任何情况。

4.适应期

在这个阶段，留学生开始接受他们所经历的文化差异，开始对一切感觉正常。留学生开始对自己新的生活习惯和生活方式感到舒适，并克服了文化冲击带来的挑战。留学生可能不再感到孤立或孤独，并可能在社区中形成一种归属感。

最后，以上各个阶段并不具有绝对的连续性，一个阶段可能不会导致下一个阶段的到来。对于许多留学生来说，可能需要经过几个危机阶段才能达到适应阶段。

（三）文化冲击的各个方面

要了解留学生为什么会感受到文化冲击，在哪些方面会感受到文化冲击，对于留学生有针对性地尝试解决策略是有帮助的。

1.课堂方面

在课堂上经历文化冲击可能更难处理，因为还有取得好成绩的额外压力。当你的学业成绩取决于英语语言能力水平或需要适应不同的学习风格时，很容易感到不知所措。

以下是一些可能引发留学生文化冲击的课堂情况：

公开讨论留学生的大考成绩，而其他学生认为这是私人信息；

留学生对自己英语交流的能力感到紧张，但是这时有一个重要的问题需要立刻询问教授；

在自己的国家只接受过以讲座为基础的课程，而现在需要参加以讨论为基础的课程。

2.社会文化方面

许多留学生表示，他们能够接受在餐馆或便利店偶尔出现的尴尬错误，但当他们经常面对不舒服或不熟悉的情况时，就开始出现文化冲击的症状。

以下是一些可能引发文化冲击感的社会情况：

在没有汽车的情况下如何到达目的地；

在一个巨大的美国超市里找到自己的路；

知道什么时候该给小费，给多少钱。

3.实习工作方面

适应社会习俗只是适应美国生活的一个部分。如果留学生打算在美国留学时找一份实习工作，也有可能在工作中出现文化冲击。在留学生的实习或工作中，理解行为线索和说正确的英语会有更高的风险，因为这是在工作场所。必须了解公司文化以及国家文化，这可能是与学校学习有很大不同的。

以下是一些可能引发国际学生文化冲击的职业场景：

知道职业着装规范与国内不同；

通过电子邮件用英语进行交流；

与不同国家的人一起工作。

如果留学生对工作场所的文化或习俗有疑问，可以与自己的主管交谈，或去公司的人力资源部门寻求建议。他们可以作为你的向导，让留学生了解什么是适合自己的合作项目或实习工作。

（四）如何面对文化冲击

无论造成文化冲击的情况如何，留学生可以使用许多策略来克服文化冲击。

首先，提醒自己，经历文化冲击是非常正常的。几乎每个来到陌生环境生活的人都会感到有点不适应，不管他们的年龄有多大，也不管他们原本生活于哪个国家。如果在适应方面遇到困难，这里有一些适应新文化的提示。

1.保持积极的态度

时刻记住自己为什么来美国学习，以及自己为来到这里所做的所有努力。通过语言培训和考试、准备国外高考、完成签证要求等都需要大量的努力和决心，每位留学生必须为自己实现了这一目标而感到骄傲，相信自己既然能够完成申请的努力过程，也必然可以适应留学生活。

如果发现自己感到悲伤，报名参加一些看起来很有趣的非学术活动，或者去健身房锻炼。自我照顾很重要，体育运动可以帮助改善自己的情绪。作为奖励，也可以参加其他任何能够让自己感到与新环境有联系的活动，比如加入大学足球俱乐部或参观城市博物馆等。

2.相信文化冲击终将过去

大多数留学生的美国文化冲击在几个月内就会消失。可能不需要很长时间就能在学校到达自己想去的任何地方，发现一个喝茶或咖啡的好地方，甚至开始建立终身的友谊。一开始你可能会感到失落，但每一次新的体验都是逐渐适应的过程。

小方法

设定目标和事件清单

通过设定每天或每周的目标，使留学经历成为一种游戏。尝试新的食物，学习新的表达方式，探索大学附近的社区和景点，列个清单并把事情做完。如果你专注于眼前的事情，就会有更少的时间关注乡愁或孤独感。

3.培养社交能力

许多国际学生在出国留学时习惯于寻找来自国内的其他学生，这在初期可能是一个不错的策略，但一定不要止步于此。结识美国朋友能够帮助解答更多问题，顺利度过各种社交场合，并解释可能不熟悉的事情。当然，除了美国朋友，其他来自不同国家的学生将帮助留学生提升文化理解能力，他们也可以体会到许多与文化冲击有关的感受。总之告诉自己：美国学生同样紧张！不要害怕迈出第一步，向同学或宿舍里的人伸出援手。

二、中美高校学生领袖学院项目

在结束了美国的本科学业之后，我回到国内准备申请新加坡留学读研的相关事项。在此期间，我得到了参与一项中外交流项目的课题研究机会，从中了解到中美文化交流的现状，通过中美两国青年领导者的文化交流，深刻地体会到中美文化交流任重道远，虽然存在极大的文化差异，但是从个体角度看，同一个时代下成长的两国青年也没有想象中那么大的不同。

（一）项目介绍

中美高校学生领袖学院项目是专门为中美两国青年领导者提升领导力而精心设计的研学项目。项目面向中美两国高校选拔学业优秀、诚实正直、视野开阔、富有责任感和使命感、具备领导潜质的青年人才，在中国进行课题研修，以此培养具有宽广的国际视野、优秀的综合素质和卓越的领导能力，并了解中国社会、理解中国文化，有志于为促进人类文明与进步、世界和平与发展贡献聪明才智的未来领袖，为持续健康发展的中美关系以及变化中的世界做出贡献。

项目每年从中美两国高校各遴选30名（共60人）学生领袖，齐聚中国，开启为期21天的研学活动。项目全程以英文展开，采用集中学习—小组访问—总结报告的三段式模式，并颁发结业证书。

学生背景多元，无论是优秀青年的榜样力量，还是同龄伙伴的进取向上，都将为团队带来积极影响和正能量。认识自己的文化根源，保持独立个性，同时以开放的态度拥抱不同的文化，提升跨文化理解，扩大中美校友朋友圈。

（二）项目实施意义

▲ 求同存异、相互理解搭建友谊桥梁

中美文化差异是不可避免的。虽然两国青年在不同的价值观、不同的文化、不同的语言中长大，但是大家都对彼此国家的文化非常尊重和好奇。这

点在我本科期间的学习中也深有体会。我的大学同学中国人特别少，所以我经常需要和外国同学组成合作小组。当我进入一个新的小组时，我的同学们都会对我和中国的事情格外感兴趣。他们并不排斥我是一个外国人，反而将此当作难得的文化交流的机会。当课程遇上节日时，他们也总会问我中国是否有这样的节日，中国人又会如何庆祝节日。他们对中美之间文化的差异感到新奇和惊讶，并且不少同学都纷纷表示希望有一天能够去中国游玩。

相互沟通和理解对于两国沟通联系和文化交流至关重要。中美文化背景的不同，成长环境的差异，带来的不仅是语言的不同，更有思维方式、认知习惯，乃至价值观和是非观的不同，这些差异很难被直接察觉，却又是在人际交往中发挥巨大作用的要素。中美学生领袖项目对于两国青年是个非常好的机会，以自己的知识和努力，通过接触、交流等人文方式，了解彼此国家、种族、文化和生活习惯之间的差异，并且理解这种差异，赢得彼此的尊重与信任，从而促进中美两国的交流与理解。把知行中国作为纽带联结，消除无知，抛弃偏见，拥抱彼此。过去我的同学们并不了解中国，他们只能从一些新闻报道或者国际事件中听说过中国，因此有时候可能会产生一些错误的认识。但是在我和他们的交往中，他们慢慢地对中国产生了改观，发现了中国人善良友好的性格。

▲ 全球意识，聚焦中国

研学项目中涉及多领域的主题演讲：关注世界变化，聚焦中国政治体制、经济模式和民生发展。这些让中美两国青年能够与领军人物、学者、社区工作者以及普通百姓深度交流，探索全球议题，认识中国、美国与世界，为中国可持续发展建言献策。虽然有时两国在政治上会有一些紧张时刻，但是大多数的中国留学生在外国时都非常愿意和外国的同学打交道并向他们介绍中国，他们希望通过自己微不足道的行为让世界对中国的认识更多一点，让中国和世界的关系更近一点。

▲ 青年合作，提升领导力

中美青年合作课题研究，培养分析问题、沟通协作和解决问题的能力，开阔国际视野，提升领导力。项目课题包括但不限于：经济转型与创新创业、城镇化发展与扶贫脱贫、可持续发展—文化多样性与环境保护、社会政策与公共治理等。

▲ 多元文化社区，扩大朋友圈

学生背景多元，无论是优秀青年的榜样力量，还是同龄伙伴的进取向上，都将为团队带来积极影响和正能量。认识自己的文化根源，保持独立个性，同时以开放的态度拥抱不同的文化，提升跨文化理解，扩大中美校友朋友圈。

（三）项目研究感悟

▲ 中美文化交流任重道远

通过对项目的逐渐了解，我深刻认识到文化交流并没有想象中那么简单。当项目将双方人员聚集在一起后，交流依然会受到自身文化习惯、固有印象的影响。中美文化环境并不相同，以少数族裔为例，中国的社会以汉族人口为主体，政府出台了政策促进民族融合、兼顾少数民族利益，大体而言各族人民在中国社会之中和谐相处；美利坚民族由世界各地族裔汇集而成，在各种呼吁种族平等的社会运动的推动下，少数族裔的社会地位已经有所改善，但种族歧视依然是横亘在人们心头的一根刺。又如美国联邦制下各州有很强的自主权，各州可能会有不同的法律规定，中国各地的政策法规相对统一（少数民族的特殊规定除外）。成长环境塑造三观，由此会对人的思维、言行产生根深蒂固的影响。学员们都以自己的立场出发去理解所见所闻，中国学员感到敏感的话题美国学员可能不以为然，中国学员习以为常的事情美国学员可能感觉不可思议。文化交流，需要双方都放下部分主观想法，以更理性、中立、客观的方式去理解他人。

此外，在项目期间存在一个现象：一些对中国感兴趣的美方同学会主动找中方同学交流，通过聊天加深对中国的印象；而更多的同学倾向于与自己相熟的同学抱团，各自的小团体各玩各的。文化交流需要主动迈出舒适圈，向了解的人多做请教，这需要勇气和能力。

▲ 同一个时代下成长的青年没那么大的不同

虽然中美文化差异造成了交流时的一些不便，但从个体角度看，处在相仿年纪的中美青年没有想象中那么大的不同。两国学员们都喜欢新奇的事物和热闹的环境，追求有趣，崇尚卓越，喜欢开怀大笑，也彼此传递善意，在集体中感受温暖与爱。传统认知中，人们分别用“集体主义”“个人主义”

概括中西方思维，但在与中美高校同学的实际相处中，这种认知并非普适。中方有同学在听讲座时积极举手发问，在台上演讲或做展示时落落大方，清晰阐述自己观点；美方同学也会在同伴遇到困难之时热情帮忙，默默支持发表观点的朋友，在集体中寻求归属感。虽然成长环境不一，但两国学员目前都正处于广泛吸收知识、拓宽眼界、提升能力的阶段。二三十年后，他们会逐渐成为建设国家、构建国际秩序的中流砥柱，可能会在各行各业影响社会发展。两国青年应当抓住各种机遇去见闻、去思考，以尽可能中立客观的方式去认知世界，不应陷于偏见的桎梏，而后用排他的狭隘眼光去断曲直。

第五章

给学习者和教育者的建议

第一节 对学习者的建议

一、每个人都要做主动学习者

主动学习是一个以学生学习为中心的过程。主动学习关注学生的学习方式，而不仅仅是他们学到了什么。鼓励学生“努力思考”，而不是被动地从老师那里接收信息。研究表明，仅仅告诉学生他们需要知道什么是不应该向他们传达理解的。相反，教师需要确保他们挑战学生的思维。通过主动学习，学生在自己的学习过程中发挥着重要作用。他们根据老师提供的机会建立知识体系和理解。

小拓展

主动学习

你对主动学习的定义是什么？

听听老师对你的个人定义。

老师的定义与你的相比如何？

（一）主动学习理论

主动学习基于一种称为建构主义的理论。建构主义强调学习者构建或建立自己的理解。建构主义者认为学习是一个“创造意义”的过程。学习者将新接收到的知识和信息，结合他们过去的知识和经验，以达到更深层次的理解。这意味着学习者更有能力分析、评估和综合想法（从而实现布卢姆分类法中的高阶技能）。熟练的教师通过提供促进深度学习的学习环境、机会、互动、任务和指导，使这些更深层次的理解成为可能。

“社会建构主义”理论认为，学习主要通过与他人的社交互动发生，例如老师和学生。苏联心理学家利维·维果斯基提出了“最近发展区”理论。该区域介于学习者可以单独实现的目标和学习者在专家指导下可以实现的目标之间。成熟的教师专注于该区域的学习活动，通过根据学生当前的能力提供指导和支持来挑战学生，从而支撑学生主动学习。这有助于学生分阶段发展他们的学习理解。成熟的教师还使用评估手段提供丰富的反馈，帮助学生理解两件事：首先是他们目前的优势和劣势，其次是他们需要做些什么来改进。

主动学习还与其他学习理论相关联：

学习应该是相关的，并且在有意义的背景下。这个想法是由法国哲学家让·雅克·卢梭提出的。这一理论影响了20世纪初的众多教育家，例如，约翰·杜威和玛丽亚·蒙台梭利。他的主要思想是："当我们能够看到所学知识的有用性并将其与现实世界联系起来时，我们才能学得最好。"

学习是发展的。年轻人的学习经历应该适合他们的发展水平，其中一些与他们的年龄有关，尽管发展水平和年龄并不总是一回事。

（二）主动学习的好处

主动学习有助于学生成为"终身学习者"。在主动学习的方法中，学习不仅是关于内容，而且是关于过程。主动学习发展了学生的自主性和他们的学习能力。主动学习使学生对他们的学习有更大的参与感和控制度。这意味着，学生在离开学校和大学后，能够更好地继续学习。

主动学习者更能获得成功。很多人都知道剑桥考试，其实剑桥考试并不是简单地测试知识的记忆。成功的考生会利用他们的理解来评估和综合各种观点。因此，剑桥课程和资格证书的教学最好采用主动学习的方法。主动学习有助于学生在提高技能和理解的基础上取得更高的成绩。因为主动学习鼓励学生在他们自己的学习中发挥核心作用，它为学生接受高等教育和工作场所做了更好的准备。分析技能也有助于学生更好地解决问题和应用他们的知识，许多大学和企业都十分重视这一点。

主动学习是一种引人入胜且令人兴奋的学习方式。主动学习方法鼓励所有学生保持对学习的专注，这往往会使他们对学习有更大的热情。

（三）主动学习的七个误区

▲ 主动学习就是要参与某项活动

主动学习是指鼓励学生积极地参与学习，学习目标比任务本身更重要。例如，许多人认为小组任务能自动成为学生一项积极的学习任务，学生出于担心影响其他小组成员往往会更积极地学习；但也有人认为，小组讨论不可能是一项积极的学习任务，在一个小组中出工不出力的学生并不少见。事实上，一件事是否是积极的学习任务，取决于教师的计划和风格。成熟的教师会问自己这样的问题：

在课堂讨论中，我是否使用了开放式的问题来让学生思考？

在小组任务中，学生们知道学习的目的是什么吗？

在研讨活动中，我是否为学生提供了有效的资源来支持他们？

所有活动都必须与教师希望学生学习的内容相关。有些学习目标可能最适合于学生参加小组研讨会或合作项目，其他目标可能更适合采用讲座式的方法或者独立自主学习的方法。

▲ 主动学习与探究式学习是一样的

探究式学习也被称为基于问题的学习。在探究式学习中，学生通过探索一系列的问题来学习。有时这些问题是由教师设置的，有时是由学生自己设置的。然后学生将决定自己如何最有效地解决这些问题。教师会在一旁提供帮助，但学生会主导整个过程。探究式学习可以是一种鼓励主动学习的方式。然而它只是许多技巧中的一种，与所有的教学一样，重点需要放在学习上，而不是任务上。

▲ 主动学习意味着剥夺了教师的影响力

主动学习并不意味着减少教师的作用。教师仍然是学生学习的指导者。娴熟的计划是非常重要的。例如，教师需要考虑："你的学生将从一个活动中得到什么，你需要提供什么资源，你将如何评估你的学生的进展。"

▲ 主动学习意味着完全改变教学风格和课堂布局

主动学习不一定意味着完全改变原本的课堂实践。教师应该思考学生在每个活动中如何学习，只需要偶尔设计一个全新的活动或对课堂进行调整变化。然而，所需的变化往往只是小的变化，就能够达到促进学生主动学习的目的。

▲ 积极学习会导致不良行为

如果学生们积极参与小组讨论，教室里会比只有你一个人在说话时更吵闹。然而，与任何活动一样，教师仍将负责全班纪律，教师需要自行决定自己能接受什么样的噪音水平。主动学习的一个令人兴奋的地方是，学生会想和教师一起讨论，有时他们会想了解教师的解释和想法，健康的讨论对学生和教师都是有益的。不过不论如何进行讨论，教师依然是班级的总负责人。

▲ 学生必须身体力行

主动学习是要让大脑活跃起来，而不是让人活跃起来。主动学习并不意味着学生必须在房间里走动。虽然学生可以在教室里适当地走动，但他们也可以保持在课桌前安坐。

▲ 主动学习使学生不那么尊重教师

一个独立思考的学生可能并不总是同意他们老师的观点。但是在一个尊重的环境中进行健康的讨论并不意味着学生会减少对老师的尊重。健康的讨论意味着学生作为学习的伙伴与他们的老师接触。

小思考

七个误区

如果你是一位教师，当你从家长、学生或同事那里听到这七个误区中的一个，你会对他们说什么？

小拓展

通过费曼技巧学习国际象棋

理查德·费曼是一位享誉世界的理论物理学家，并且获得了1965年的诺贝尔奖。他开发了一套深度学习和内化主题的个人方法，被称为费曼技术，它是一个简单的过程，包含4个可重复的步骤，我们以象棋为例：

第1步——学习

第1步很容易。事实上，和所有准备开始学习的人要做的一样，首先需要选择一个主题并开始学习。所以第1步应用于学习国际象棋会很简单。只需要开始学习象棋的规则和基本策略。但是必须要了解足够多的知识，才能进行第2步：教学。

第2步——教学

当学习好所有的基本规则后，就可以进行第2步：将它教给其他人。如果你希望避免真正教别人或者没有传授对象，可以教给想象中的观众。但是如果向真人传授，费曼技术的效果会更好。因为真人才能够提供反馈，并在有不清楚的地方询问你，这些反馈和问题在传授之前可能是被忽视的。在理想的情况下，被传授人会提出问题并试图找到漏洞。这可能会让人感觉有点不舒服，但这正是进行第3步所需要的。继续国际象棋的例子，第2步需要教别人下棋，并能够解释游戏的目标、规则、棋子如何移动以及一些基本的获胜策略。当被传授者提出问题时，将不可避免地发现知识漏洞——无法回答的问题，但这正是我们需要的。

第3步——填补空白

通过第2步会发现知识上的一些空白，而第3步则涉及重新开始学习，消除第2步发现的所有知识漏洞，并将它们转变为优势领域。比如无法完全记住棋子是如何移动的、规则如何运作或特定策略为何有效，就可以返回并准确研究需要了解的内容。

第4步——简化

在理想的情况下，通过以上三步我们已经大大提高了对目标技能的理解，但是还没有完成，现在需要简化内容。这一步对于建立目标技能的统一理解非常有效，确保消除杂乱并清晰地解释一些事情，让即使是词汇量有限的幼儿也能理解，这是非常困难的。尝试这样做，不仅会迫使我们深入掌握信息/技能，而且还要掌握所有不同元素如何结合在一起。比如虽然我们现在对象棋有了更好的理解，但是能不能用一种其他人肯定会理解的、简单明了的方式来解释它？事实上可能很难。因为象棋是一项复杂的游戏，涉及许多规则和策略。能够向从未玩过的孩子解释并让他们理解这一点是一项艰巨的任务。把它分解成最简单的形式，尝试用简短、清晰的方式表达这一点，可谓是说起来容易做起来难。

二、终身学习

终身学习是一种以个人发展为重点的自主教育形式。虽然终身学习目前并没有标准化的定义，但它通常被认为是指在正规教育机构之外发生的学习。然而，终身学习不一定要局限于非正式学习，最好将其描述为自愿的教育行为，目的旨在实现个人成就。终身学习需要抓住学习的机会。我们必须相信，在任何时候，我们都有可能通过应用知识和经验来改变和成长。没有人说只要有足够的动力和努力，我们就可以成为下一个爱因斯坦或贝多芬，但终身学习者确实相信一个人的潜力充满了未知的可能性。他们的动力来自于这样一个事实，即通过不断的学习挖掘我们真正的潜力和激情的结果，充满了令人兴奋的机会。

终身学习意味着持续的教育。这个概念已经在专业和企业领域取得了进展，因为仅仅获得学士或硕士学位是不够的。“毕业”的含义正在变得不那么具体，而是更加灵活。不可否认，仅仅拥有学位已不足以适应市场变化。随着科技的飞速发展，不断地学习是有意义且必要的。新的发现正在出现，新的产品和对社会的反思也正在产生，而我们多年前在学校学到的一切都不足以跟上变化。因此，我们需要承认终身学习的重要性和意义，并学会如何进行终身学习。

（一）什么是终身学习

“活到老学到老”和“做生活的学生”的概念越来越具有现实意义，这使人们也越来越注重在持续学习中投入时间。“终身学习”这个概念建议交替参加工作和持续教育，始终关注个人和职业发展。无论是追求个人兴趣和激情，还是追求职业抱负，终身学习都能帮助我们实现个人成就感和满足感。它承认人类具有探索、学习和成长的自然动力，并鼓励我们通过关注激发我们的想法和目标来提高自己的生活质量和自我价值感。

实际上，我们大多数人都有正规学校教育和工作之外的目标或兴趣。这是每个人生活重要的一部分：我们有天生的好奇心，我们是天生的学习者。我们的发展和成长得益于我们的学习能力。终身学习告诉我们，学习并非都来自于课堂。例如，在童年，我们学习说话或骑自行车；作为一个成年人未必能熟练地使用手机，但现在许多未成年人都会学习如何使用智能手机或学习如何烹饪一道新菜。这些都是我们每天通过社会化、试错或主动学习进行终身学习的各种行为。通过这些行为，获得个人成就和发展，简而言之，我们因为自然的兴趣、好奇心和引发学习新事物的动机，我们为自己学习，而不是为别人学习。

小拓展

终身学习的关键表现

自我激励或自发的；

并非总是需要成本；

通常是非正式的；

自学成才或寻求指导；

动机是出于个人兴趣或个人发展。

小拓展

终身学习的例子

以下是一些每个人可以参与的终身学习活动的类型：

发展一项新技能（例如，缝纫、烹饪、编程、公开演讲等）；

自学（例如，学习一门新的语言、研究一个感兴趣的话题、订阅一个微博等）；

学习一项新的运动或活动（例如，学习武术、学习滑雪、学习健身等）；

学习使用一项新技术（例如，智能设备、新的软件应用程序等）；

获得新的知识（例如，参加在线教育学习，或参加一个自我感兴趣的课程）。

小故事

数学天才韦东奕和佩雷尔曼

数学天才韦东奕因为在各大国际数学竞赛中的出色表现被一众全球顶尖院校关注，不过韦东奕却十分坚定地拒绝了这些国外优秀院校的邀请，其中更是包括愿意为他免除英语考核的哈佛大学。与韦东奕一样“善于拒绝”的还有另一位俄罗斯著名数学家——格里戈里·佩雷尔曼。他曾经同样拒绝了以麻省理工为首的多所顶尖院校的聘请和数学领域的国际最高奖项菲尔兹奖的颁奖。他们二人的相似点还远远不仅于此。他们潜心研究数学的根本动力是他们对于数学的热爱和天赋，而不是为了获得证明自己的奖项和名利。在佩雷尔曼心中，最大的成就莫过于解开了复杂的数学问题，而他最希望得到的肯定和奖赏也是他所做的工作本身。他认为没有任何事物能够用来评判和衡量他，除了数学。而韦东奕也同样如此，他不在意生活上的任何琐屑小事，而是全心全意地投入到数学研究中。他们早已走到了其他人所无法到达的顶峰，但却没有停止继续前进的步伐。他们是无比纯粹的人，在抛开社会的关注之后，他们在意的只有学习，且一直学习，并乐在其中。

小故事

塑料袋收集

我的一位同学的母亲喜欢搜集各种塑料袋，他一开始觉得没有用并非常抵制，但是后来发现，当家里搜集到足够多的塑料袋后，只要有需要用到塑料袋的地方，不管什么大小的家里都有，并且十分方便，既环保又节省，只是需要做好洁净处理，慢慢地同学改变了他的固有看法。

学习知识和塑料袋收集一样，你无法预料未来需要什么尺寸、多少数量的塑料袋，也无法预料遇到问题需要什么样的知识去应对解决。现阶段你能做的就是不断地积累知识，广泛地涉猎多个学科，才能保证不会“书到用时方恨少”，无惧未来的任何难题。

小故事

孔子的成长型思维

论语里面有一句孔子说过的话：“子入太庙，每事问。”意思是说，孔子进入太庙，每件事都要问这是什么。这个时候旁边人就说：“孰谓鄹人之子知礼乎，入太庙每事必问。”意思是说：“鄹人的孩子根本就不知道什么是礼，进入太庙后每件事都问。”说这句话的人就是一个固定型思维的人，他认为一个有学问知礼的人不应该每件事都问。但是孔子说：“是礼也。”意思是，这就是礼。

在孔子看来，好学就是礼，我就算是不会，我也要一件件事问清楚，不能不懂装懂，不懂装懂才是对祖先最大的不敬。

（二）终身学习的好处

在生活中融入终身学习可以带来许多长期的好处，包括：

▲ 更新自我激励

有时我们会陷入一种困境，仅仅因为我们必须要做的一些事情，如上班或整理家务。终身学习能激发自己的积极性，让自己不要偏离人生方向，并提醒自己在生活中真的可以做任何想做的事情。

▲ 对个人兴趣和目标的认可

终身学习可以减少无聊，使生活更有趣，甚至可以打开未来的机会。如果我们能够专注于自己的兴趣，才可能知道兴趣会让自己走出多远。

▲ 个人和专业技能的提高

当我们忙于学习一项新技能或获取新知识时，能够带来个人素养的提升，这些素养的提升可以帮助我们的个人和职业生活，例如学习绘画可以培养发展创造力。技能发展可以包括人际交往能力、创造力、解决问题、批判性思维、领导力、反思、适应能力等。

▲ 提高自信心

掌握更多的知识或技能可以提高我们在个人和职业生活中的自信心。在我们的个人生活中，这种自信可能来自于将时间和精力投入到学习和改进中的满足感，使我们有一种成就感。在我们的职业生活中，这种自信可以是我们对自己的知识和应用所学到能力的信任感。

（三）如何进行终身学习

在教育方面没有年龄限制。做一个终身学习者就是要保持好奇心和对学习的热爱，可以通过很多方式继续追求真理和知识：

▲ 确定自己的学习方式

每个人都有自己喜欢的学习方式。请注意哪些学习技巧对自己最有效，并尽可能多地使用它们。例如，如果认为自己更适合通过视频学习，可以在网站上查看直播课程或教学视频等在线教程。大多数人通过多种方式学习，但偏爱一种或两种，利用自己的喜好来发挥自己的学习优势。

▲ 评估自己的才能和优势

找到自己的兴趣所在可以发现很多关于自己的事情。勇于尝试许多不同的事情，这样你就不会认为自己只擅长几件事。每个人可能擅长很多事情，但直到自己尝试过才会知道。警惕过去失败的记忆，这些记忆反复提醒自己要远离某些事情，这会阻止自己尝试很多新事物。随着个人的不断成长，会获得许多能力的提升，人生经验也更加丰富，以前的失败并不能代表现在。例如，如果因为年轻时骑马的经历很糟糕就再也不敢尝试，那么可能会错过一生的骑马乐趣。或者由于缺乏经验、力量或成熟度，在年轻时讨厌某些运动、品味或活动，但若干年后，品味可以改变、力量可以提升，随着每个人的逐渐成熟和发展，过往所有一切都会发生变化，小心不要让过去的这些经历扼杀了你现在的机会。

▲ 培养积极的学习态度

不论是谁，如果认定一件事情是苦差事，就一定很难坚持下去。不要仅仅因为重要或必要就强迫自己学习。相反，学习你需要学习的东西与你喜欢学习的东西同样重要。跟随自己的内心和责任感。比如很多人永远都会记得自己非常讨厌的逻辑数学或写作，认为是学习生涯中一件苦差事，但现在它们变成急迫需要的，而很多人未来都有可能后悔自己在学校时没有学好它们。

▲ 制订适合自己的计划

直接跳入深渊可能会让人不知所措，有时可能会打消自己的学习劲头。必须要结合自己当前的能力水平来制订计划，比如合理的阶段性目标，合理的学习时间。总之，不要从一开始就为自己设定高标准、高强度的学习计划，这有可能会适得其反。

▲ 培养自己每天阅读的习惯

即使每天只阅读几页，这个习惯也会帮助我们学到很多东西。阅读是进入其他世界和人类同胞思想的门户。通过阅读，我们将永远不会停止学习，并为人类令人难以置信的创造力、智慧甚至是平庸而感到惊讶。智者无时无刻不在阅读大量书籍。阅读将帮助我们了解前人的发现和错误，从某种意义上来说，阅读实际上是一条捷径，这样就不必费力地学习东西了。

认识到自己阅读的任何内容都有教育价值。即使是小说也会告诉我们很多关于它所处时代的风俗、道德、思维和习惯，而且小说读者比那些回避它的人更有同情心，因为它教我们如何在社会世界中互动。报纸、杂志和漫画书都值得一读。网站、博客、评论和其他在线信息来源也是如此。

▲ 勇于探索新事物

越是扩展自己的界限，就会学到越多。作为一个成年人，个人经历可能是自己最好的老师。无论现在是有偿工作还是自愿付出时间，专注于一个项目或任何吸引你注意力的事情，尝试很多事情并关注结果。将结果应用到生活中的其他事情上，以扩大所学知识的价值。

▲ 多渠道学习

正式和非正式课程是保持学习的简便方法。不管我们是一个多么专注的自学者，有些科目最好在老师的帮助下学习。请记住，老师可能出现在教室中，但也可能出现在办公室、社区、商店、餐馆、出租车甚至于网络中。老师也可能是你生活中的某个导师或指导者，例如生活教练或辅导员。正如孔子所言："三人行，必有我师焉。"例如，世界上最好的几所大学（哈佛大学、牛津大学、清华大学等）都通过互联网免费课程为大众提供视频和资料，作为"公开课"项目。

▲ 知识的学以致用

应用你获得的知识是必不可少的。这是测试它或者吸收它的最佳方法，通过实践应用将帮助我们更完整地学习知识，它还将帮助我们发现知识中的缺陷和优势，这是我们人类时刻保持进步的重要因素。

▲ 把新知识传授他人

阿尔伯特·爱因斯坦说："如果你不能向一个六岁的孩子解释，你自己就不会理解。"教学是更好地学习一门学科并提高自己对知识理解层次的绝妙方法。在教别人如何学习的过程中，我们会发现自己比被传授者学得更多，因为我们不仅需要很好地掌握自己的材料，还需要回应被传授者的质疑和不解。如果自己不是老师，也可以在知乎等网站以回答问题的形式写下自己学习到的知识，但是要有自己的理解和自己的语言表达，而非生搬硬套。通过其他人的评论和意见，就可能获得独特的见解和忽视的方面，同时如果被采纳意见或好评，也会因为成就感提升继续学习的动力、兴趣及信心。

三、教育投入和教育产出

我有一个远房亲戚，家里为了她的学业，投入了大量的金钱成本，有一天她就突然很丧气地问我：“我家里拿这么多钱供我读书，未来工作也不知道多少年才能赚回来，这真的值得吗？”其实，这不是她一个人的想法，而是现在很多00后学生的想法，在他们看来，家里在教育上投入的金钱成本，如果用来做个生意，似乎更实际，能更好更快地收回成本。但是在我看来，知识和学习更重要，不能用金钱去衡量知识。可能并不会赚回学费，但是绝不是亏本的学习。学习不仅限于学科知识、理科知识，还有专科职业知识也是有用的，知识不分高低贵贱。知识改变命运，只要在学习，什么样的知识都可以学。不要功利性的学习，而是开拓自己眼界的学习。

很多人做任何事之前都必须要考虑投入产出比，但是在我看来，很多事情很难去考虑投入产出比，比如养育孩子、学习、帮助他人。所以我们必须考虑清楚，什么事情应该被算到投入、产出中去，如何计算才更为合理。比如，如果只看5年之内的金钱投入产出，那么孩子从幼儿园到大学至少需要十四五年，在此期间，孩子几乎是不可能为父母产出金钱的，那完全从金钱投入产出方面来考虑，就不能让孩子读书。但是实际上更多人认为投资教育的回报率最高，因为它是一项长线投资，至少要放到20年甚至一辈子的时间线上来衡量，所以必须强烈支持自己的孩子读大学。再比如有人认为兴趣爱好班都是浪费时间和金钱的，应该把所有资源投入到学校课程上，收获一个顶级学霸就是最大的成功。但是却有人认为把时间花在一些和学习没有直接关系的兴趣爱好上是十分有意义的，收获的是能力和个人素养的提升。因此必须要辩证地看待教育投入产出的问题，所谓是否值得，产出是否能大于投入都要看我们自己的权重、计算方法、人生目标，换言之，就是我们的世界观、价值观、人生观。

四、学习要有“诚”心

《中庸》里有四个字我特别喜欢，就是“不诚无物”。而中国的宋明理学创始人周敦儒更是把“诚”作为一种最高的准则。那“不诚无物”究竟是什么意思呢？简单来说，就是一个人做事，如果不诚，不敬，那么什么都做不好。你要写一本书，必须要诚；读一本书，更要诚。做任何一件事情都很重要，必须要有“诚”心，当然，学习亦是如此。

可能有的人觉得这只是说得好听，如果事事如此，那么生活岂不是很累很无趣？但事实并非如此，如果你做什么事都是诚挚的，比如和孩子玩耍的时候是全心全意陪伴；陪老人说话的时候是真心真意地陪同；帮助妻子做家务劳动是一心一意支持；你会发现孩子更懂事，妻子更体谅你工作的辛苦，老人也不介意发挥余热帮你看顾孩子，你会生活得更加轻松愉快，而非更累，因为你的真诚在影响着你周围的所有人。

当今的社会是一个信息化的时代，互联网已经深入到千家万户。在古代，学习只能在私塾，或者大户人家可以请先生到家中授学。到近代，学习可以到学校，老师在台上，学生在台下。但是如今有了很大的改变，人们学习知识的途径获得极大的丰富，诸多知识都能够从网上找到，甚至课堂也能转变为线上学习。但是过度便捷也使得人们的心态浮躁，文凭很重要、证书很重要，但是知识却似乎“可有可无”，一切都可以问“百度或知乎”。这种现象让学生失去了对知识的渴望和“诚心”，“洛阳纸贵”“凿壁偷光”成为了传说。古代先贤对知识的渴求、对书籍的珍惜，在当今社会几乎难以看到。

“不怕学不成，就怕心不诚。”这句谚语的意思是说不怕学得不成功，怕的就是心不虔诚。但现在信息的传播速度如此之快，每个人知识触角范围如此之广，每天都会接触大量的信息，在这种情况下，能做到将心虔诚下来的人少之又少。除此之外，接触的信息越多，人们就很难判断事情的对错，反而会迷失方向。以往说心诚则灵，可是如今当我们一心想要在学习的道路上坚持下去的时候，忽然发现，现在的科学技术已经可以提供一些捷径，去达到原本想要学习的结果。比如以前没有学习过英语的人，出国旅游前需要学习一些常用语言，以备不时之需，但是现在有了翻译软件，甚至是同声传译的耳机，即使学不会外语，也能够勉强与外国人沟通，可以直接享受科技带来的成果，那么在这种情况下要如何保持自己学习的初衷呢？

中国有一句俗语叫作：“不怕百事不利，就怕垂头丧气。”所以学习的重要性我们永远不要怀疑，只是需要适时地改变学习的方式。虽然通过现代科技的发展，我们不需要努力就能享受科学带来的成果，但是我们还是要有一种学习的心态，因为互联网带来的便捷是所有人都能够享受到的，所以互联网并不是我们的优势，而是要学习如何利用互联网资源转化为自己的优势。同时要相信“打铁仍需自身硬”，始终抱有一颗“诚心”，努力打造自己，才能有更好的未来。科技发展不会停滞不前，它将永无止境，所有人都需要努力学习，创新科技为下一代提供更便捷的新渠道，这才是人类能发展至今最重要的原因。总之，不怕学不成，就怕心不诚。即使我们未来学有所成，心中也一定要坚信自己能做得更好。

五、学会坚持我们终将成功

当生活变得艰难时，当一切都不顺时，也请记着，即使是乌龟，只要它不放弃，就能爬到终点。

——来源于网络语言

坚持其实是一种可以养成的习惯。每个人要想过上成功的人生，都必须要学会坚持，坚持未必会成功，但不坚持一定会失败。

（一）为什么总是难以成功坚持

在我看来，每个难以成功坚持的人，其主要是因为习惯，习惯停留在当前状态，即使总是告诉自己必须要改变，但习惯就是难以打破。仔细思考我们就会发现，在每个人的日常生活中，习惯可怕地“主宰”了我们的一切，比如习惯吃饭时先吃喜欢吃的部分、习惯穿衬衫直接套头、习惯出门先迈左脚等。这些习惯养成于无形之中，自己却很难发现。

当我们想要培养一些好的习惯时为何会如此艰难，是因为培养新习惯就意味着要摆脱原本的习惯，但无论原本的习惯是好是坏，我们已经适应了它，事实证明它似乎更适合我们。研究表明，每个人体内都会有一个平衡的状态，这个平衡的状态伴随着我们多年，当想要养成新习惯，试图摆脱时，便被视为一种威胁，所以大多数人对于好的改变通常都是“三分钟热度”，难以坚持，甚至永远停留在嘴上而不愿意实施，这样的现象被称为“习惯引力”。

“习惯的引力”是我们成功路上最大的绊脚石，它帮助着身体抵抗新变化，保持平衡，所以必须通过坚持才能打败它。

小故事

动态平衡

有人问过皮亚杰这样一个问题：“为什么你总是强调平衡很重要，能解释一下吗？”但是皮亚杰反问了他一个问题：“你游过泳吗？一个人在游泳的时候怎么保证不沉下去？”这个人回答说：“踩水啊！只要不停地使劲踩水，就不会沉下去。”结果皮亚杰摇了摇头：“哪有原地踩水就不掉下去的？往前游不就行了。”

很多时候你会发现，很多人总是安于现状，就是不停地在原地踩水，而不愿意向前游动，他们认为自己的平衡来自于努力地踩水。但实际上，当你找到了一个可以向前努力的方向时，你的人生反而更容易保持平衡。所以，往前游就是皮亚杰所认为的平衡，换言之，就是动态地朝一个方向去努力。

（二）学会坚持的五个关键因素

没有谁的人生可以随随便便成功，“坚持”这种习惯也需要一步一步地去养成。而习惯又分为身体习惯、行为习惯、思考习惯。不同的习惯养成所需要花费的时间和精力也是截然不同的。毅力是尽管面临许多障碍，但坚持不懈地努力实现自己的目标。它也可以定义为尽管距离成功还有很远，甚至看不到尽头，但仍朝着自己的梦想努力的行为。放弃的人之所以放弃，是因为他们无法坚持。努力了很长时间而没有实现自己的目标，很难不失去热情和动力。简而言之，坚持是非常困难的。但是，我在申请留学的时候就已经意识到，如果我想在生活中取得成功，必须坚持不懈地努力，直到实现自己的目标。

如果我们能够始终坚持自己的目标，就可以取得任何成就。在这里，我将分享六个可以使任何人在遇到障碍或延迟成功的情况下努力坚持的关键因素：

▲ 当我们别无选择时

没有选择的人更有可能坚持不懈，因为当事情变得艰难时，他们无处可退。而拥有无限选择的个人无法继续为特定目标而努力，因为当他们意识到某个特定目标太难实现时，他们经常会转向其他目标。因此，如果想确保自己能够坚持下去，请不要为自己设立过多的目标或者提前给自己找好无数个退路和借口，针对一个目标全身心地投入其中更有可能获得成功（当然，可以把目标分解为若干个小目标）。当我们只有一个计划要做的时候，更有可能一直坚持下去，因为只有一个选择，无处可退，必须破釜沉舟才能成功。

▲ 积极的自我对话

许多坚持不懈直到实现目标的人经常鼓励自己。当工作难以为继、看不到自己的劳动成果、大脑被消极的想法所笼罩时，为了让我们在困难中保持热情和努力，必须经常用积极的话来鼓励自己。告诉自己一定能成功，没有什么能让我们放弃。通过告诉自己不是一个放弃者来鼓励自己，使自己有能力克服可能面临的任何障碍。

▲ 毅力与耐心齐头并进

没有耐心的人很难坚持。在坚持不懈的同时，我们必须清楚地认知到实现目标可能需要很长时间。因此，必须努力建立耐心，以免在工作和等待目标实现时感到沮丧。除此之外，当我们有耐心时，就不会轻易放弃实现自己的目标，即使在努力很长一段时间后看不到一个结果。因此，努力拥抱耐心，因为它会让我们有能力承受困难、挫折和等待，而不会变得沮丧和焦虑。

▲ 当我们不关注结果时

如果我们持续关注结果，就很难坚持下去，因为通常需要很长时间才能看到我们想要的结果。除此之外，专注于结果会让我们容易产生放弃的念头，因为大多数人并不是伟人，始终看不到结果的坚持，会不断消磨掉耐心和意志力，导致焦虑和沮丧等负面情绪的产生，尤其是当短期结果与预期相反时，因此，把注意力从结果上移开，享受努力过程所带来的成就感，能让我们更好地坚持下去。

▲ 理解毅力的价值

如果我们明白毅力的价值，就不能轻言放弃。如果想成为赢家，就必须意识到毅力是区分失败和赢家的关键，必须了解这样一个事实：只要方向没有问题，毅力能够最大程度上保证我们过上梦想的生活。

第二节　对教育者的建议

一、“学生面前是一个人，而不是一个神”

（一）教师不必保持神秘

曾经在知乎上看到这样一个问题：“作为一名老师，如何在学生面前保持神秘，让学生摸不清自己的性格？”当了十多年的学生，看到这个问题我忍俊不禁，正文下方的评论区有着许多“一本正经”的回答，比如有人说教师想做到在学生面前保持神秘十分困难，但是提供了几点建议：首先，要建立学科素养高的人设，通俗来讲就是让学生觉得你的专业很厉害，简单一句话：跟着你能考高分、能见世面；其次，要保持开放的心态，就是要真正倾听、了解学生的问题，不能总站在道德制高点指责学生；最后，要建立积极向上的人设，每天读书充实自己的思想，反思教学行为优化自己的教学，写作文章梳理自己的认知，和更多的人交流，言传身教地去影响学生。

对于这几点关于“人设”的建议，单独每一点我都不反对，甚至是支持的。但如果说通过立人设的方式，在学生面前保持神秘，让学生摸不清自己的性格，在我个人看来这种想法是没有必要的。把师生关系放到最原始、最简单的关系层面，就是“教与学”的关系，因此在师生的人际互动中，作为职业来说，教师最基础的目的就是要完成教学任务。教师是应该在学生面前塑造好自己的形象，但应该是榜样的形象，对学生言传身教，而不是神秘的形象。

我的本科和研究生都是教育专业，未来可能我也会投身教育。在“让学生摸不清自己的性格”和“让学生摸清自己的性格”两者之间选择，我会果断选择后者，因为在我看来，师生相互了解有助于“教与学”关系的升华，让师生合作更加愉快。想象一下，学生了解你的性格，知道在你的课堂该做什么，不该做什么，是不是教学工作更容易开展了呢？

小故事

美国教授的规矩

我在美国的一位大学教授，每次新班级的第一节课，她都会清楚地讲明规则，简单来说，就是给学生立规矩。她通常会直接告诉我们：“我的课堂不讲纪律，讲尊重，在我的课堂上你们可以随意地发表你们的观点和看法，但是在发言前你需要示意我而不是打断我。我的办公时间很明确地写在了课程表上，所以如果你们有问题要找我请提前预约或者在我的办公时间内来找我，除此之外的时间是我的个人时间，即使我待在办公室也不一定会为你们解答问题。”

我很喜欢这位教授，对她的了解程度也稍微高于其他教授，并且她也总希望每一位学生都能够了解她，这能给她节省很多时间和精力。她的课堂很活跃，会分享不少有趣的故事，但是她对学生的礼貌仪态有很高要求，决不允许学生没大没小地开玩笑。她对成绩不会提明确要求，但是却对三观的建立和人际沟通有所要求。她很怕麻烦，喜欢私人空间，所以鸡毛蒜皮的小事情希望我们自己解决，但如果有学习生活、情绪情感上的困惑，她也从不吝惜帮助和引导。这样的老师，让我觉得面前是一个人，而不是一个神。

（二）教师并非永远不会犯错

▲ 学生层面：敢于质疑权威

虽然教师并非永远不会犯错，但很多学生根本不敢质疑老师的权威，因为在他们看来老师永远都是对的，“天地君亲师”是中国人的传统观念，对教师的尊重和天然崇拜是刻在我们的骨髓和血液里的。但是实际上，老师也会出错、教科书也会出错、学校也会出错，甚至教育制度也会出错，所以国家才会不断出台新的教育制度。

小故事

敢于质疑

国内有一场考试，学生们发现有一道数学大题，无论如何绞尽脑汁，都无法计算出结果，只有一位同学站起来对老师说，这道题出错了。而在场的其他同学则十分惊讶，当然最后结果的确是题目出错了，否则这道题并非难以解答，但大多学生都不敢质疑，只是反复地计算，试图得出结果，而从未或者说不敢想，是题目出错了，并非自己能力不足。

从这个故事可以看出应试教育的一个缩影，学生不敢质疑老师，认为只有教科书上写的，才有用，只有老师说的，才是对的。而鲜有学生专注于学习知识、培养能力，大部分是为了成绩而学习。前文我提到过，独立思考和批判性思维对于未来学生至关重要，只有具备一定的批判性思维，才敢于质疑老师，质疑权威，发现问题。

▲ 教师层面：勇于认错是一种美德

教师，应该是学生除了父母以外最好的榜样和偶像，但教师也不必有太重的“偶像包袱”。比如说，认为如果自己犯错就会在学生面前失了威仪，拉不下脸面。事实证明，教师敢于在学生面前认错，好处相当多，一来可以起到良好的表率作用，培养和鼓励学生知错就改；二来可以拉近师生的距离，消除师生之间的隔膜，与学生建立起和谐融洽的关系；三来可以取得学生的信任，提高自己在学生中的威信；四来可以不断提高自己在教育教学上的水平。

小故事

孔子认错

《吕氏春秋》里有一段，讲孔子周游列国，曾因兵荒马乱，旅途困顿，三餐以野菜果腹，大家已七日没吃下一粒米饭。

一天，颜回好不容易要到了一些白米煮饭，饭快煮熟时，孔子看到颜回掀起锅盖，抓些白饭往嘴里塞，孔子当时装作没看见，也不去责问。

饭煮好后，颜回请孔子进食，孔子假装若有所思地说：“我刚才梦到祖先来找我，我想把干净还没人吃过的米饭，先拿来祭祖先吧!”

颜回顿时慌张起来说：“不可以的，这锅饭我已先吃一口了，不可以祭祖先了。”

孔子问：“为什么？”

颜回涨红脸，嗫嚅道：“刚才在煮饭时，不小心掉了些染灰在锅里，染灰的白饭丢了太可惜，只好抓起来先吃了，我不是故意把饭吃了。”

孔子听了，恍然大悟，对自己的观察错误，反而愧疚，抱歉地说："我平常对颜回最信任，但仍然会怀疑他，可见我们内心是最难稳定的。弟子们大家记下这件事，要了解一个人，还真是不容易啊!"

二、父母给孩子铺的路不一定是孩子喜欢的

每一个正常的父母，都希望自己的孩子茁壮成长——会尽自己作为父母的全部力量做任何事情，让孩子过上幸福、健康和成功的生活。但事实上，有时父母所有的额外努力都只会适得其反。在父母试图帮助自己的孩子、引导他们并为他们护航的过程中，父母有时会越界做太多事情。毕竟，在抚养"知道自己可以依赖父母的孩子"和抚养"过度依赖父母的孩子"之间有一条很清晰的界限。

孩子不是天生就有个性化的指导手册，每个孩子都是不同的，父母需要找到适合他们独特家庭的育儿方式，而这一育儿方式一定会不断发展变化——在整个育儿过程中，父母将面临许多胜利、失败和教训。如果父母发现自己已经为孩子做了太多的事情，这种行为可能源于善意的爱，但是也可能导致潜在的"过度育儿"。

（一）不被"完美父母"所影响

自互联网发展以来，技术为我们带来了许多美好的事物。总而言之，我们能够通过互联网获得很多知识，并且唾手可得大量信息。但是，这也有一个阴暗面：社交媒体。社交媒体当然有它的正向面，甚至正向大于负面。但在这里我想要讨论的是，社交媒体既有趣又令人惊叹的一点，它让我们能够与任何人随时保持联系并突出我们生活中正在发生的事情。近来研究发现社交媒体是人们生活中最大的压力源之一。尤其是对父母而言，虽然养育子女这个过程一直存在，但"完美父母"的观念却是因为互联网才被推向社会。

每个人应该已经听过这些短语，实际上，我们可能也说过其中的一些，比如：

"我可以拥有一切。"

"我不需要任何帮助。"

"我可以成为完美的配偶和完美的父母。"

美国俄亥俄州立大学人类科学和心理学教授莎拉·肖普·沙利文的一项

研究将养育子女和社交媒体带来的新压力联系起来。在她的研究中，莎拉博士一直在跟踪大约200个在同一年拥有第一个孩子的双收入家庭，研究成为完美母亲的压力（因为通常母亲们更容易感受到完美的压力，并且育儿责任首当其冲），实际上是研究如何被社交媒体加剧的压力。

莎拉博士称："追求成为'完美'母亲实际上可能会伤害母亲的养育方式。在我的研究中，发现当母亲更担心其他人对自己养育子女的看法时，就会降低自己对养育能力的信心。"值得一提的是，研究发现，父亲在使用社交媒体后对自己的育儿技巧反而会更有信心，这是截然不同的两个发现。研究者推断出现这一现象的原因可能在于母亲更为感性，总是紧张和担心，不仅担心看到其他"完美妈妈"的动态帖子，甚至还会担心别人看到自己发布育儿帖子后的评论和态度。对其他人观看、评判和评论的恐惧直接导致母亲压力增加和信心下降，从而转化为围绕孩子的不同行为。这些母亲对养育子女并不那么兴奋，而且往往更容易放弃。就她们而言，社交媒体不仅迫使她们将自己的完美观念与他人的观念进行比较，而且几乎总是让自己陷入灾难，导致失望，即使她们实际上是非常好的母亲。

（二）不做控制型的父母

很多家长有了孩子之后，一方面认为自己赋予了他们生命，另一方面认为自己的人生经历相比孩子更加丰富，所以替孩子做决定是理所应当的事情。事实上，一个健康幸福的家庭其实是相互促进的，每一位成员在这个家庭中都能起到自己的作用，没有人能决定一切。父母和孩子必须懂得沟通，控制欲强的父母所表现出来的专制和强势，只能带来孩子表面的顺从，但内心中可能是逃避。长期重压之下，孩子很容易产生心理问题，即使顺利长大成人，也有可能会想方设法采取措施，逃离父母，摆脱掌控。

当每个家长真正冷静下来思考后才可能会发现，控制欲真的是很难平衡的东西。过去的家长更多是没时间管孩子，因为一方面需要工作养家糊口，另一方面家里的孩子太多，所以只能采取忽视型管教方式。而现在和过往有很大区别，一是大多为独生子女，所以父母能够在孩子身上投入更多精力。二是父母接受文化教育的程度普遍高于过往，大家似乎都"懂一点教育"，认为能够给孩子更好的指引，使其少走弯路。三是社会竞争压力逐日增长，家长希望孩子能有更高的起点。这些区别导致，现在更多的是"直升机式的父母”，直升机父母是那些看似徘徊在孩子生活的各个方面，并积极参与他们的成长，帮助铺平道路的人。而研究表明，“直升机父母”的孩子会遭受痛苦，这是令人难以置信的细心养育的一个具有讽刺意味的意外后果。“直升机父母”的孩子往往缺乏韧性，更焦虑，更不愿意尝试新事物，所有这些都会导致以后生活中的挣扎和发育迟缓。

3.如何停止“过度育儿”的行为

和所有的育儿难题一样，发起改变的一种方式是与孩子年龄相适应的对话。父母可以和孩子讨论他们是否到了应该自己努力的阶段，父母今后为他们的付出可能会减少，以及为什么对孩子抱有那么高的期望。任何事情，都是说起来容易做起来难，因此防止过度育儿就要从扮演更被动的角色开始。不过父母仍然可以为孩子提供支持和监督，但重要的是必须让孩子在生活中发挥主导作用。

以下是可以采取的一些参考步骤：

▲ 允许孩子失败

作为父母，可以适时地让孩子体验他们的决定所带来的结果。例如，如果孩子不做学校的作业，他们将不得不与老师交谈，并面对成绩不佳的情况。没有任何一个家长喜欢这样，但既然我们希望孩子在他们的追求中获得成功，就不能把所有孩子可能面临的挑战都排除在路上，一方面这样孩子就永远不能学会坚韧不拔，而且很可能他们仍会继续犯同样的错误；另一方面，父母不可能永远陪伴孩子，给孩子提供的帮助只能是一时的。总有一天孩子会离开父母，组建自己的家庭，拥有自己的下一代也成为父母。所以，父母必须允许孩子失败，失败是最好的学习机会。

▲ 留出时间让孩子自己做事情

如果父母觉得必须为孩子做所有的事情（给孩子刷牙，给他们穿衣服，给他们的背包塞东西等）才能及时出门，那就在日程安排中留出一点额外的回旋余地，这样孩子就可以自己处理这些事情了。当父母与倒计时搏斗时，可能会感到沮丧。但是，从长远来看，这种做法将帮助孩子成为更有能力的人。

▲ 停止期待完美

降低期望，哪怕只是一点点。父母不能期望自己的孩子完美无缺，因为也不会有完美无缺的父母。接受孩子的普通和平凡能够让父母和孩子的压力都更小一点。父母需要的是在孩子尝试新事物时感到自豪，并在他们失败时给予鼓励，这适用于成绩、活动、体育、家务等许多方面。父母可以成为孩子最大的啦啦队，但是有时候父母必须让孩子来做决定，即使父母认为孩子可能会失败。

▲ 让孩子尝试各种事物

一个为孩子做一切事情的家长可能有过度保护的倾向，他们经常接管并代表自己的孩子做出重要决定。因为，他们认为自己更理智、更了解这世界的运转。这往往导致父母将自己的意愿强加给孩子，而不是让他们勇于尝试新事物，无论是新的运动、学术追求，还是课外活动。

▲ 指派家务

孩子需要对自己的生活空间负责，父母不是他们的女佣、短工、厨师或全能助手。重要的是，孩子必须从小就明白这一点。因此，为孩子指派适当的家务，让孩子每天或每周完成，这将有助于他们成为家庭的积极参与者。

▲ 放弃内疚

父母的负罪感和内疚会将他们拉到许多不同的方向。父母要平衡所有的一切，但如果我们不能为自己的孩子做完所有的一切，理想与现实终归是冲突的。需要更多地陪伴孩子就必须有更好的经济基础，如果想要为孩子提供他们所需的所有物质条件也势必会缺少陪伴。父母能做的只有尽量平衡，但不要因为内疚，从而溺爱孩子、过度保护孩子来“弥补”孩子。

▲ 帮助引导孩子管理自己的情绪

父母经常为孩子完成一些事情将他们保护在完美的玻璃罩中，因为这样他们就会暂时摆脱被拒绝或其他情感上的痛苦。但是，试图让孩子远离生活中的全部负面情绪可能会使他们对生活中出现的某些困难和挑战毫无准备。父母应该用爱和同理心来谈论孩子的不适，也要给他们空间来承认和解决这些情绪。

最后，我想说，通往无助的道路是由善意铺就的。因此，当父母给孩子的老师打电话为错过的作业找借口、用吸尘器清理掉地板上留下的一大堆沙子或者匆忙地扣上孩子的毛衣之前，请认真思考："孩子是否能自己完成这些事？他们是否应该在没有父母干预的情况下做这些事？"如果是这样，深呼吸，后退一步，看看会发生什么，孩子的行为可能会让父母感到惊讶。

无论哪种方式，请记住，作为父母需要做的事情，是培养一个有思想、独立和自信的年轻人，相信自己的孩子，他们有无穷的潜力。

致　谢

第一次为自己的书写致谢，提笔的时候竟还有一些“近情情怯”。我这一路遇见过许多人，总有人不断走来、不断离去。在不断的相遇和分别中，那些模糊或清晰的名字所带给我的感动让我成为了更好的自己。

一谢祖国。何其有幸，生于华夏，长于盛世，不经战乱，不缺衣食。有了祖国的强大庇护，才有了我们的安宁生活。愿祖国繁荣昌盛，山河无恙。

二谢母校。沐风雨，育桃李。十七年漫漫求学路，从成都七中，到美国康考迪亚，再到新加坡南洋理工。结识了良师益友，收获了专业知识。愿母校盛誉遥惊四海骇，慕名学子五洲来。

三谢恩师。桃李不言，下自成蹊。感谢我的导师Dr. Melissa A. Smith在我本科学习中的教导和对我新加坡硕士求学的支持。虽然在这一刻，她并不知道自己会出现在这本书的致谢里，但是依然感谢她在我异国求学路上为我提供的所有帮助。感谢康考迪亚中国区主任于海峰教授对我的帮助和指导，让我坚定地走上了教育学学习的道路。他一直希望自己能够为中国教育做出点什么，而他对教育的这种态度也深深影响了我，让我也期望未来能为中国的教育贡献自己的一份绵薄之力。感谢我曾经遇见过的所有老师，他们用自己丰富的专业知识和精湛的教学能力悉心栽培：邢向东老师，田波老师，罗福俊老师，吴楠老师，王卓儿老师，Dr. Brian Fruits，Dr. Nie Youyan，Dr. Gregory Arief Liem，Dr. Lee Ai Noi，Dr. Teo Chua Tee……

四谢家人。哀哀父母，生我劬劳。感谢父母二十年来对我的养育和支持，供我求学，暖衣饱食，无后顾之忧。他们是我坚强的后盾和避风港，是我坚定向前的不竭动力。万爱千恩，唯有继续努力才能不负期望。

五谢挚友。平生感知己，方寸岂悠悠。感谢我所遇见的每一位朋友，他们陪我走过低谷，带我看远处高峰。他们的真诚善良，让我更加坚强，更加无畏。

六谢爱人。深情不及久伴，厚爱无须多言。感谢他五年来在异国他乡的陪伴，在我生活和学习上的照顾。感谢他的坚定、成熟、勇敢和真诚带领着我、鼓励着我前进。他是比最好更好的人，是比重要更重要的人。

感谢自己，平凡普通，却依然努力。祝愿自己，不忘初心，不忘来时路。

参考文献

［1］胡登娟.提升高中生化学计算中守恒思维能力的数学策略研究［J］.华东师范大学，社会科学Ⅱ辑.2011，11.

［2］周全.游戏作文对小学生非智力因素影响的研究［J］.湖南师范大学，哲学与人文科学，2016，（06）.

［3］刘文.幼儿心理健康教育［N］.中国轻工业出版社.2008-10-1.

［4］刘国磊，宋姗姗.幼儿游戏与指导［N］.2版.吉林：东北师范大学出版社.2022-5.

［5］海德・卡杜森，查理斯・雪芙尔.游戏治疗101［N］.陈志鹏，译.四川：四川大学出版社.2005-10-1.

［6］汤琴.美国留学申请实用大全［N］.水利水电出版社.2011-5-1.

［7］Zeigler E F. Don’t forget the profession when choosing a name［J］. The evolving undergraduate major, 1990: 67-77.

［8］Dewey J. Democracy in education［J］. The elementary school teache，1903，4（4）:193-204.

［9］《习近平总书记系列重要讲话精神学习解读》编写组.习近平总书记系列重要讲话精神学习读本［N］.北京：人民出版社，学习出版社.2014-06.

［10］中国日报网.美国新增国际学生人数骤降，中国赴美留学人数下降14%［EB/OL］.http://language.chinadaily.com.cn/a/202111/25/WS619ed205a310cdd39bc775da.html.

［11］孙晓敏.浅谈意志力培养与促进大学生心理健康［J］.科技成果纵横.2010，（04）.

［12］李士金.圣贤传统与文化传承［N］.北京：中国文联出版社.2001.

［13］刘春玲，江琴娣.教师教育精品教材·特殊教育专业系列:特殊教育概论（第二版）［J］.华东师范大学出版社.2016-04-01.

［14］张国骥.大学之道我在师大十年［N］.长沙：岳麓书社，2017.03.